宇宙人が教える

ポジティブな地球の過ごし方

the Planet from Nebula

ダイヤモンド社

世界はまもなく
「ポジティブな世界」と
「ネガティブな世界」に
分岐する。

「目覚めること」を
選択した人が進む
「ポジティブな世界」。
ここでは、願ったことが
スピーディーに叶い、
楽しい現実が展開していく。

「眠り続けること」を
選択した人が進む
「ネガティブな世界」。
ここでは、これまで以上に
不安と恐怖が強調されて
展開していく。

では、どうすれば
「ポジティブな世界」の
住人になれるのか？
と思ったみなさん。
安心してください。
その答えはこの本に
しっかり書いてあります。

さあ、今こそ

「ポジティブな世界」の扉を開けよう！

はじめに　史上最高！　絶好の「手放し」タイムがやってきている！

「あー、なんで自分ばかりがこんな目にあうんだ……」
「叶えたい夢があるけど、正直難しい気がする」
「どうしたら幸せになれるんだろう」

この本を手に取ってくださったみなさんは、宇宙人やスピリチュアルに興味がある、幸せになりたい、叶えたい夢がある、解決したい悩みがある、たまたま気になった、などいろいろな理由があると思うけど、毎日を一生懸命に生きている人が多いんじゃないかな。

新型コロナウイルスの影響もあって、それまでとまったくちがう生活になってしまい、気が滅入っている人も多い。私の住むアメリカでも、ロックダウンがあったりして、みんな不満がたまってきている。

でも、じつはこの未曾有《みぞう》の事態は偶然ではなく、必然的に起こっているんだ。

地球では2万6千年に1度のアセンション（次元上昇）のチャンスが、今まさに巡ってきている。

30年以上前から私たちに「ワクワク生きること」の大切さを伝え続けている、日本でも有名な宇宙人の「バシャール」が言っているように、２０２３年の終わりに、私たちは「針の目」（針の穴）を抜ける。

今はその「針の目」を通っている真っ最中で、私たちは「針の目」を抜けるまでに、「目覚める」か「眠ったままでいる」かを決定するんだ。

「針の目」をくぐり抜けた先は、「ポジティブな世界」と「ネガティブな世界」に分岐する。「目覚め」を選択した人は「ポジティブな世界」へ、「眠り続けること」を選択した人は「ネガティブな世界」に進むんだ。

「ポジティブな世界」では、願いがよりスピーディーに叶うようになる。

これまで、「種↓発芽↓成長↓実」という経過をたどっていたのが、「種↓成長↓実」という感じで、ステップが少なくなるからだ。

一方、「ネガティブな世界」ではこれまで以上に、不安と恐怖が増幅されて、スピードアップして展開されていく。

「じゃあ、どうやったらポジティブな世界に行けるの？」と思ったみなさん。

この本にはその答えがはっきり書いてあるから安心して。

「針の目」ではさまざまな環境の変化や一見するとつらい出来事が起きる。

それは、「ありのままの自分らしくいるのに不要な考え」を徹底的にそぎ落とすために起きるんだ。

今の時期に自分の内面をしっかり見つめ、「不要な考え」を手放すことで、「ポジティブな世界」に移行することができる。

この「手放し」に必要なのが、バシャールも言っている、次の5つのステップだ。

① すべてを赦《ゆる》す

② 自分を赦す

③ 過去の自分を断ち切る

④ 未来の自分にリンクする

⑤ この4つを実践して、「今ここ」をワクワクで生きる

この5つのステップを経過すると、古いエネルギーを手放して身軽な自分になることができる。古いエネルギーを手放して身軽な自分になるには、自分に誠実な「自分軸」で内観し、〝必要のないエネルギー〟を見つけて手放していくことが重要なんだ。

「針の目」のタイミングは史上最高、絶好の「手放し」タイムだ。

自分にとって不要なものが、はっきりと浮かび上がってくるからだ。

しかし、この時期を過ぎると、手放したいエネルギーも自分の周波数に組み込まれてしまうので、引っ張り出せなくなる。

引っ張り出せなくなると、それらが自分自身の体験として引き寄せられてくることになるんだ。

じつはこの「手放し」には簡単なコツがある。

それはあなた自身のバイブレーション（波動）を上げること、つまり「バイブレーションを下げることをしない」のが正解になる。

これだけでバイブレーションは自動的に上昇するんだ。具体的には次のような行動が「バイブレーションを下げないこと」になる。

・気分が上がることに意識的にフォーカスし、気分が下がることに意識を向けない
・嫌な気持ちになるニュースを見るよりも、今安全に暮らしている自分に意識を向ける
・他人に支配されていると考えるのではなく、自分がコントロールできるパワーがあることに意識を向ける
・悲しみや怒りなどにフォーカスせず、喜びや豊かさの光にフォーカスする

自分の人生で「うまくいっていないこと」からフォーカスを外し、「うまくいっていること」にフォーカスしよう。

たとえ、あなたの人生で１００の項目があって、99個がうまくいっていなかったとしても、たったひとつのうまく運んでいることにフォーカスすれば、残りの99個も「うまく運ぶよう」改善されていくようになる。

なぜなら、あなたのフォーカスがポジティブに合わさるからだ。

ポジティブにダイヤルが合わさると、ポジティブな体験が引き寄せられてくることになる。ちょうど、水が高いところから低いところへ流れる性質があるように、ポジティブな視点はポジティブな体験を引っ張ってくる性質があるんだ。

だから、ポジティブな視点で物事をながめることができるようになると、あなたの人生のすべてが、ポジティブにシフトして〝いかざるをえなく〟なる。

これは重力のように避けられないメカニズムなんだ。

私はかつて完全に行き詰まっていた時期があった。

でも、その頃に自分の明晰夢《めいせきむ》（夢の中にいながらそれが夢だと自覚している夢）を通して、高次元のガイドや、バシャールに出会い、あの世とこの世の仕組みを教えてもらうようになって、人生が驚くほど好転した。

こうした高次元の存在たちとの対話がきっかけで開始したブログ「the PLANET from NEBULA～スターシード達へ～（毎日更新バシャールブログ）」は月間134万PVを記録するなど、好評を博している（https://ameblo.jp/viva-bashar/）。

この本は私と、私のガイドである宇宙人の物語だ。

と同時に、あなた自身の物語でもある。

この本を読み進めるうちに、あなたのバイブレーションは自然と上がっていき、自分にとっての「不要な考え」が見えてくるはずだ。

「内側の自分」に意識のフォーカスが必要だと実感できるようになると、そこから新しいステップが展開されていくようになる。

そして、「古いエネルギー」から「新しいエネルギー」へとシフトする道を選んでいけるようになるんだ。

「生きること」をもっと楽しもう。「好きなこと」や「やりたいこと」にどんどん挑戦していこう。

そして、あなたが心の底から叶えたい「夢」に焦点を合わせて、「ドリーマー」になるんだ。

「夢」をどんどん語って、自分の人生に落とし込んで。あなたが自分の力で道を開いていくんだ。あなたがワクワクを語れば語るほど、夢の実現に拍車がかかる。

冒険を怖がらないで！

あなたは地球に冒険しにやってきているのだから。

the Planet from Nebula

第1章

「人生の迷路」は自分自身でつくっている!?

CONTENTS

第2章 あなたのバイブレーションを今すぐポジティブな波動に変える！

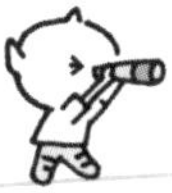

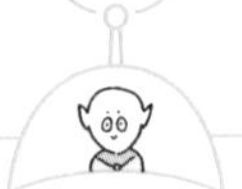

第3章 これからの時代の「幸せの方程式」

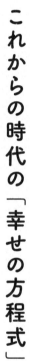

第4章

時空を超えて、悩みはすべて解決する

第5章

型にとらわれずに最高の自分で生きる！

イラスト いしやま暁子
装丁 萩原弦一郎（256）

主な登場人物

ネブラ

米国ワシントン州在住の日本人。幼い頃より何回も転生した記憶を持ち、高次元の存在（ガイド）と日々交信している。翻訳家として働くかたわら、スピリチュアルブログの執筆をしている。

アイシス

ネブラのガイドのひとり。プレアデス人。6次元の世界に住んでいる。ふだんは姿を見せないが、たまにフクロウの姿で現れる。

バシャール

3000年先の未来の惑星「エササニ」からやってきた宇宙人。30年以上前から米国人のダリル・アンカをチャネラーとして、「ワクワクすることをしよう」というメッセージを伝え続けている。

エイブラハム

高次元に存在するスピリット。物質的な体は持っていない。30年以上前から米国人女性のエスター・ヒックスをチャネラーとして、「引き寄せの法則」などの教えを広めている。

シャライー

ネブラのガイドのひとり。ネブラの「未来世」に当たる宇宙人。バシャールと同じ未来の惑星「エササニ」に住んでいる。

シリウスくん

ネブラのガイドのひとり。シリウス人。「?」のTシャツを着ている。子どものような体型だが、態度はすごく大きい。

第 1 章

「人生の迷路」は自分自身でつくっている!?

ある日突然、不思議な存在がやってきた！

私のガイドは宇宙人？

私が住むワシントン州は夏期以外、かなり雨の多い地域だ。

たしかその日は雲ひとつない、きれいな満月の夜だった。

翻訳の仕事がちっともうまくいかず、「もうやめたほうがいいかな」なんて、弱気になっていたところだった。

なかなか眠れずにいたその夜、ドンッという衝撃とともに窓から光の柱が、自分の胸めがけて飛び込んできた。

ちょうど月光と同じ色の光が突然ビュンッと入ってきて、胸を直撃したものだから、最初は「撃たれた！」と思った。

「あれ？」。胸を押さえても別になんともない。


しばらくすると、頭の片隅でかすかに声が聞こえてくるのがわかった。

最初は何を言っているのかわからないくらい、かすかな声だったけれど、しばらくするとだんだん大きくなって、全部聞き取れるくらいの音量になった。


「ごきげんよう、お招きありがとう。私の名前はアイシス。

私はあなたの『ガイド』よ」


不思議な声が、自分の口をついて出ていた。


スピリチュアルにくわしい人なら知っていると思うが、「ガイド」とはこの世を生きるために導く霊的な存在のことだ。頭の中で声がするだけでなく、

「なんとなくこうなる予感がする」

「自分じゃできないような発想が思いつく」

「なぜかどうしてもその場所に行かなくてはならないような気がする」

という第六感的なものもガイドの仕業だ。

本人が気づいていようがいまいが、どんな人にもガイドはついている。

そして、ガイドはひとりではなく、複数いることが多い。

その人の成長と共にガイドが代わることもあれば、生涯代わらないガイドもいる。

生まれ変わっても、ずっと同じガイドが見守る場合もあるんだ。


以前から、「ガイド」のアプローチはたびたびあった。

だから、自分の頭の中にナゾの声が響いたり、自分の口から自分の考えではないものが出てきたりしても、たいして不思議に思わなくなっていた。

でも、「アイシス」は今までのガイドとは何かがちがう。

存在感がデカいというか、何やらただならぬ雰囲気がある……。

アイシス　私は6次元に住むプレアデス人よ。あなたが生まれるもっと前からあなたを見守り続けてきたの。

アイシスは私が質問する前に答えていた。

ネブラ　えっ！　プレアデス人？　もしかして、宇宙人の？

アイシス　そうよ。

以前、宇宙人に興味を持ち、ネットや本で調べたことがあった。

プレアデス人は3メートルほどの背丈の、人によく似た姿の宇宙人だ。

宇宙人には、テレビでおなじみの、体がグレーで目が大きい「グレイ」や、見た目が人間そっくりの「ハイブリッド種」（人間と宇宙人をかけ合わせた種）なんかがいる。

日本人にもよく知られている「バシャール」も「ハイブリッド種」だ。

バシャールは、３０００年先の未来の惑星「エササニ」からやってきて、三十数年前から、アメリカ人のダリル・アンカを通してずっと私たちに目覚めて生きることを教えてくれている宇宙の存在なんだ。

地球人に宇宙人の遺伝子が入っている!?

アイシス　あなたたち地球人も、「ハイブリッド種」なのよ。

ネブラ　えっ！　どういうこと？

アイシス　今からずっとずっと昔、ある宇宙人が地球にやってきて、地球にいた人間のＤＮＡと自分のＤＮＡをかけ合わせて、「新種の人類」をつくり出したの。それがあなたたちの原型よ。
地球人のほとんどが、私たちプレアデス人の遺伝子をもらい受けていて、ハワイの先住民やホピ族なんかはプレアデスからやってきていると言われているわ。

ネブラ　へぇ！　まさか自分に宇宙人の遺伝子が入ってるなんて！
なんだかワクワクしてきたぞ！

宇宙人が私に会いにきた理由

2万6千年に1度の覚醒のチャンス到来中！

ネブラ　それにしても、なぜプレアデス人が私のガイドなんてやっているのさ？

アイシス　私は、あなたが何度も転生をくりかえしている間、ずっと見守ってきたのよ。あなたは過去世で我々プレアデス人と直接会って、高次元の教えを受けた生徒のひとりだったの。

アイシスによると、地球上で人類が最初の文化を築いたと言われるレムリアの時代、プレアデス人から直接高次元の教えを受けていた人間がいたらしい。そのうちのひとりが私の過去世だったそうだ。そして、プレアデス人から教えを受けていた人たちの多くが、数百回も数千回もこの世に生まれ変わっている「オールド・ソウル」なんだって。

ネブラ　へぇ。私も何度も生まれ変わってる「オールド・ソウル」ってことか。
ちなみに、地球人はプレアデス人に何を教わっていたの?

アイシス　ざっくり言うと、「人生を上手に生きるコツ」を教わっていたの。
私たちプレアデス人は、いずれ地球が〝覚醒〟することを知っていて、
あなたたちがうまく覚醒の波に乗れるようにずっとサポートしてきたの。
地球は今まさに2万6千年に1度のアセンションのタイミングを迎えているのよ。

そのとき、アイシスが私の頭の中に映像を見せてくれた。

真っ赤な夕焼けの中、小学生の私が2人の友人たちと小学校のジャングルジムのてっぺんに座っているのが見える。校庭でブラスバンドが練習している。

小さな私は真っ赤な夕焼けを見ながら、バンドが奏でるメロディの美しさにうっとりしていた。

今思い出したんだけど、このとき心の中で「これからの人生で、いつも『この瞬間』にピントを合わせるんだ！」と誓ったんだっけ。

この瞬間にいつもフォーカスしていれば、自分もふくめてお父さんもお母さんも、地球のみんなが幸せになれるんじゃないかと、そんな気がしたんだ。

アイシス　あなたはあの瞬間から、あのワクワクする周波数にいつでも合わせられるようになったの。でもね、今その周波数からピントが外れちゃってるでしょ？

だから、私が調律するためにここに来たのよ。

ネブラ　ふうん。てことは、私が幸せでいられるように来てくれたってわけか。それにしても小学生のときから何十年と経ってるのに、会いにくるのに時間がかかりすぎでしょ。

アイシス　あなたたちの住む次元がゆっくりなだけよ。私たち宇宙人にとってはほんの一瞬なの。

アイシスが言うには、私たちが住む次元、低次元の世界は、物事が進んでいくのにものすごく時間がかかるそうだ。深海では1メートル動くだけでも、すごく時間がかかるのと同じ。

一方、高次元の世界になると、その時間が大幅に短縮される。

ちょうど海面に出ると、水の抵抗がないので速く動けるようになるのと同じだ。

だから、低次元の世界はスローモーションで、高次元の世界は早送りになる感じな

んだ。早送りの世界にアイシスは住んでいるので、幼少期の自分から現在の自分はあっという間に見えるってことらしい。

すぐネガティブになってしまう理由

アイシス　でもね、時間の流れがゆっくりなのはいいことよ。
あなたたちは、ゆっくり引き伸ばした時間の中で、「コントラスト」（対比）を体験しにやってきているわけだから。

ネブラ　「コントラスト」ってどういうこと？

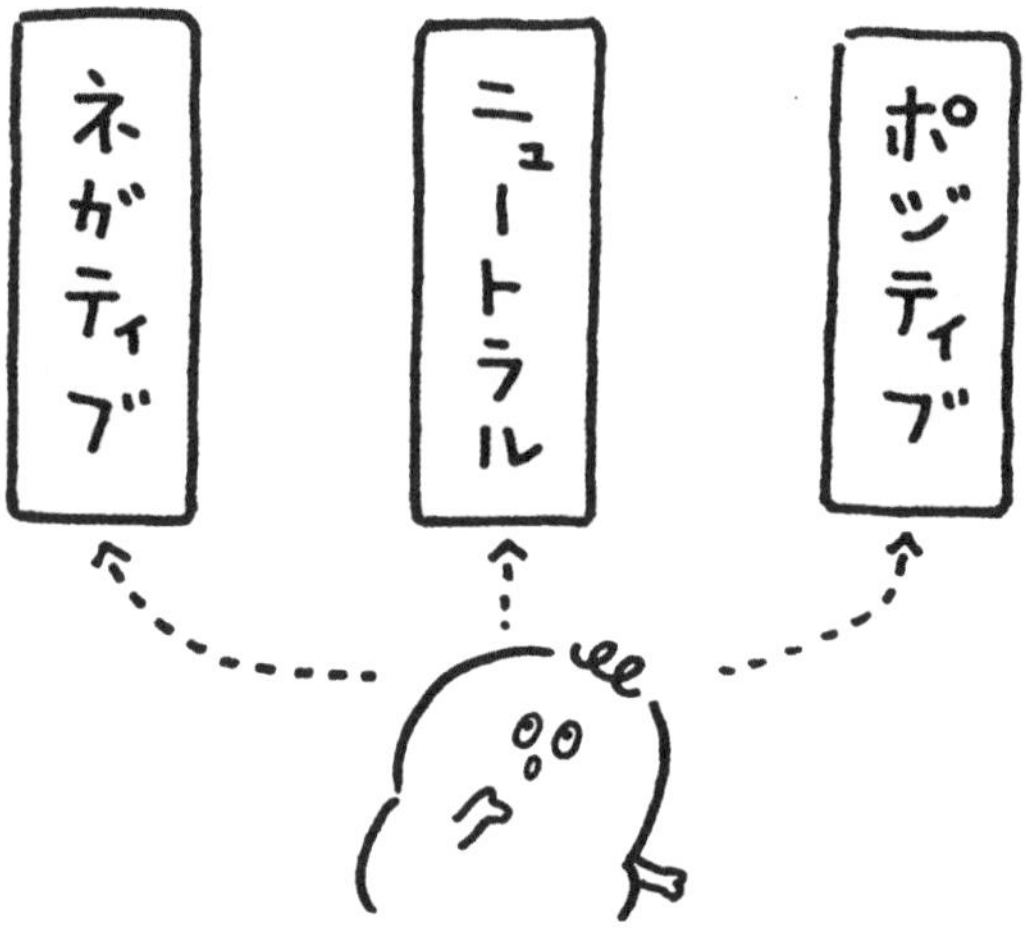

アイシス

あなたたちがいる低次元の世界、つまり物質界は、「二極化」がハッキリしている世界なの。「白と黒」、「光と闇」、「男と女」、という具合にね。

この世の中は、「ニュートラル」を中心に、「ポジティブ」と「ネガティブ」の2つの軸に分かれているの。

あなたたちは常に自分を中心に置いて、どちらかのエネルギーを選んできているってわけ。

だけど、エゴにハンドルを握らせてしまうと、軸がブレて、アンバランスな選択をしてしまうようになるの。

ネブラ　へぇ。たしかに、ポジティブでいたくてもネガティブになっちゃうことも多い気がするな。イライラするし、なんであいつは言うこと聞かないんだ！とか思うし。

自分軸でいれば、自然とポジティブになれる

アイシス　ネガティブに傾きやすくなっているってことね。

でも、本来、物質界はほうっておくと、ポジティブに向かうものなのよ。

ブレーキをかけなければ、自然の流れに乗って、自動的にポジティブ側に流れつくことになるの。

言い換えれば、「自分の感情のナビゲーション」にしたがって進めばいいってだけ。

心地よい気分なら、こちらの方向で合っている、不快な気持ちがするな

ら、幸せな方向とは逆に進んでいる、っていう感じにね。

もし、感情のナビゲーションなしで進もうとすると、世界はネガティブにどんどん傾いていくし、望みを叶えるプロセスも非常に長くなるの。

現在の世の中は、まさに地球人がナビなしで進んできた結果なのよ。


ネブラ　そうかぁ。たしかに自分の感情を無視している部分はあるかも。

あんまり乗り気じゃない仕事でも、断ったら次がないかもと思って、引き受けてしまったり。

息をするみたいに自然に心からポジティブを選べるようになりたいな！

アイシス　だったら、まず自分軸になって内観するクセをつけるといいわ。
何か立ちどまってしまうようなことが出てきたら、自分のハートに聞いてみて。

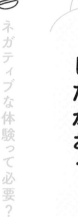

「感情のナビゲーション」にしたがおう!

ネガティブな体験って必要?

ネブラ　アイシスのおかげで、だんだんこの世界のことがわかってきたよ。

でも、そもそも人生に、ネガティブな体験なんて必要ある?

楽しいことばかりの人生のほうがいいに決まっているよ。


アイシス　まあ、そう思って当然よね。

あなたたちはもともと神様みたいな存在だったの。

なんでも思ったことが瞬時に叶うし、喜びとワクワクの中に生きている存在だったの。でも、あんまりそこに長くいたから、刺激がほしくなったのね。

あなただってどこかに出かけたくなったりするでしょう？

それと同じで、あなたたちはわざわざ高い波動を下げて、この物質界へやってきているの。ちょうど海底にダイビングするみたいに、いろいろなギアをつけて波動を下げているってわけ。

でも、もともと高い波動を持っているから、すぐにギアが外れて波動が上がってしまう。そこで、「エゴ」というギアを取りつけて、もっと物質界を探索できるようにしたってわけ。

ネブラ　なるほどね。私たちが生活しているここは「海の底の世界」って感じなんだね。エゴのおかげで、今のこの経験ができているわけか。

アイシス　そうよ。エゴはあなたたちが「物質界のコントラスト」を体験するために、物質界に集中できるようにしてくれるもの。
だから、エゴをポジティブに活用することだってできるし、あなたたちは無意識にエゴをポジティブに活用しているのよ。
たとえば、最近野菜ジュースを飲み始めたでしょ？
あれだってポジティブなエゴが発端になっているわ。
「健康になりたい」という欲求はポジティブなエゴからきているのよ。
でも安心して。私たちはあなたたちをジャッジすることはないから。
ありのままのあなたたちを丸ごと愛しているわ。

「ハイヤーマインド」にハンドルを握らせる

ネブラ　エゴって悪いものかと思ってたけど、役にも立っているんだね。

アイシス　そうよ。物質界に集中するためにエゴは必要なの。ただ、エゴは「物資界に集中する」以外の仕事はできないの。それなのに、あなたたちの世界ではエゴにハンドルを握らせちゃってる。

ネブラ　ふうん。じゃあ、何がハンドルを握ればいいわけ？

アイシス　「ハイヤーマインド」よ。

あなたたちは「物質界にフォーカスする意識（エゴ）」と「非物質界にフォーカスするハイヤーマインド」の2つを持っているの。

「ハイヤーマインド」にハンドルを握ってもらって、エゴを使って、物質界で形にしていくの。

車でたとえると、車は「自分（エゴ）」で、車を動かす運転手は「ハイヤーマインド」よ。

「自分（車）」の持つ本来の機能は、ハイヤーマインドの指示に沿って動くことなの。

「自分（車）」自体は、司令官的な仕事ができないのよ。

嫌な気分は、方向転換のチャンス

ネブラ そうなんだ。じゃあ、「ハイヤーマインドにハンドルを握ってもらう」って具体的にどうやるの？

アイシス ハイヤーマインドは、「あなたの感情」を通してメッセージを送ってくれているの。それにしたがって進めばいいのよ。

ネブラ あ、さっき言ってた、「感情のナビゲーション」の話か。心地よい感覚が進むべき道を進んでいることを教えてくれていて、嫌な気分は自分の進むべき道を歩んでないって知らせてくれているんだよね。えへん！

アイシス そう！　心の動きをしっかりモニターして、心地よい選択をするの。でも、ネガティブな思いが出てきたら、それはあなたの進む道じゃないって教えてくれているの。

ネブラ　なるほどね。でもさ、やりたくなくてもやらないといけないことってあるよね？　たとえば、ご飯をつくるとかさ。ご飯つくったりするのなんて面倒だし、まったくワクワクしないよ。

アイシス　でも、いつもワクワクしないわけではないはずよ。時にはアレをつくって食べてみよう、なんてワクワクすることもあるでしょう？

ネブラ　まあね……。

「義務感」を「ポジティブな信念」に変える！

アイシス　去年の暮れに自家製ベーコンを、張り切って仕込んでいたんじゃないのかしら？　家族にウンチクを垂れながらうれしそうに食べていたでしょ？

ネブラ　あ、そういえば……。

アイシス　そのときに感じたワクワクが、どうして普段の生活に当てはめられないのかしらね？　それは、「義務感」からきているからでしょう？　だったら、「義務感」とか「責任感」とか、そういったネガティブな信念をポジティブな信念に書き換えればいいだけよ。

ネブラ　は、はい、その通りです……あの～？

アイシス　はい？

ネブラ　アイシスの声は頭の中で聞こえてるんだし、同じフレーズを言葉に出す必要ってあるかな？

アイシス　あなたが自分を信用しないから言葉に出しているのよ？　頭の中で聞こえてくる声をずっとスルーしてきたでしょ。だから、わざとあなたの口を借りて言葉に出しているの。あなたが自分を信用するって約束できるならやめるわよ？

ネブラ　……。

アイシス　もうしばらくかかるようね。

2023年、二極化する未来に向けて、私たちができること

「目覚め」か「眠り」かを選択

アイシス　今はエゴにハンドルを握らせて、いろいろなところに頭をぶつけて苦しんでいる人も多いけど、こんなこともう卒業よ。

ネブラ　卒業ってどういうこと？

アイシス　2023年の終わりまでに、私たちそれぞれが「目覚めて生きる」のか、「眠ったままでいる」かを選択するの。
「目覚め」を選択したら、装着したエゴのギアを外して海底から海面に浮

上するの。もう視界が狭い海底に沈まなくてもいいのよ。
軽やかな自分になったら、抵抗の少ない海面で、不安や恐れもなく、楽しいリアリティを体験することができるようになるの。でもそのためには、今まで装着していた重たいギアを手放す必要があるってわけ。

ちなみにバシャールが、地球史上はじめて、今、極めて重要なタイミングを迎えていると言っている。

現在の私たちは「目覚め」か「眠り」かを選択するために、「3次元密度」から「4次元密度」の間を通っている最中で、これが「針の目」と呼ばれるタイミングだそうだ。

4次元密度の世界は、この世界と一致するエネルギーしか機能できなくなる。

つまり、パソコンのOSをアップグレードして、新型システムで生きていく決心をするのか、旧型のまま生きるのかを選ぶタイミングなんだ。

余分なものを手放し、「針の目」を抜けるために、2023年いっぱいまでは環境が激変したり、つらい経験をしたり、落ち込みを経験する人も多いらしい。

「手放し」に必要な5つのステップ

アイシス

「針の目」は、ちがう次元へ抜けるトンネルのような、通路のようなものなの。

「針の目」を抜けると、「目覚めて生きる選択をした人」と、「眠ったまま生きる選択をした人」のリアリティに分岐していくようになるわ。

でも、2つだけの世界ではなく、複数の「目覚めて生きる世界」と「眠って生きる世界」に分かれていくようになるのよ。

バシャールも言っているように、私たちが「針の目」を抜けるタイミングは2023年だから、今から自分の内面を見つめて、「不要な考え」を手放して、「自分らしい自分」になっておく必要があるの。

それは、「向こう側の世界」に何を持っていくかによって、それが強調されて実現されることになるから。

たとえば、「陰謀説」を信じる人は、陰謀説が本当になる世界を体験するようになるし、喜びとワクワクの世界を信じる人は、本当に喜びいっぱいのワクワクする世界を体験することになるのよ。

ネブラ あっ、それで、「『自分ではないエネルギー』を手放しなさい」って言っているわけか！

アイシス そう。そして、この「手放し」にはバシャールも言っている、次の5つのステップが必要になるの。

① すべてを赦す
② 自分を赦す
③ 過去の自分を断ち切る
④ 未来の自分にリンクする
⑤ この4つを実践して、「今ここ」をワクワクで生きる

この5つのステップを経過すると、古いエネルギーを手放して身軽な自

分になることができるのよ。

古いエネルギーを手放して身軽な自分になるには、自分に誠実な「自分軸」で内観し、〝必要のないエネルギー〟を見つけて手放していくことが重要なの。

「ネガティブな信念」があなたに執着している!?

ネブラ　言うのは簡単なんだけど、やるとなると大変じゃない?

アイシス　それはまったくの思い込みよ。あなたが変化しようとしたとたん、ネガティブな思いがどんどん湧いて出てくるでしょ?

それは、「ネガティブな信念」そのものが、あなたに変わってもらいたくないからなの。

たとえば、やってみたいことがあっても、自分の実力じゃまだ無理だと思って、挑戦する前にあきらめてしまうこともあるわよね。それはネガティブな信念があなたが変わってしまわないように仕向けているからなのよ。

　ネガティブな信念にとって、「手放し」って、「死」を意味しているの。

「自我の死に値する」って思い込んでいるからよ。

　たとえば、本当は孤独が嫌なのに、一歩踏み出すのが怖かったりすることってあるでしょう？

　それは、ネガティブな信念が「もしも新しい自分になっちゃったら、古い自分が消えちゃう」と考えているから、「変化したら今よりもっとひどい状態になるよ」と私たちを脅して、新しい自分になるのを食い止めようとするの。

　人間って、「変化」を嫌って、「現状維持」に安心するでしょ？

　それってネガティブな信念が、「君が変わったら怖いことになるぞ」ってすり込みをしているからなの。でも、これみんなウソよ。もちろん、このウソを本気にしたら本当になっちゃうんだけどね。

「ネガティブな信念」はあなたに執着しているエネルギーなの。

　あなたなしでは生きられないって、エネルギー自体が思っているのよ。

だからあなたに変わってほしくないの。

「あってもなくてもよし」の状態がベスト

ネブラ　じゃあネガティブな信念を完全に手放せばいいってことだよね？

アイシス　まあそうなんだけど、実際にはネガティブな信念を捨ててしまうことは不可能なの。なぜなら「存在しているもの」を「存在しなくすること」は不可能だから。

それよりも「あってもなくてもよし」の状態にして、それを選ばないでいればいいって感じ。

嫌なやつはいるし嫌な仕事もある。不安もあるし、恐怖もある。だけどそれを見続けないことはできるでしょ？

ようは、おいしい食事がいっぱい並ぶバイキングに出かけて、食べたくない食事はお皿に取らなければいいの。

ネブラ　なるほど。「手放し」の意味がようやくわかった気がするよ！
体験したくないエネルギーに集中しないってことだね。

アイシス　そういうことよ。

ネブラ　ちなみに、この「針の目」のタイミングでみんな手放しして、アセンションできるの？

アイシス　そういうわけではないわ。「アセンション」はみんなに平等に与えられている機会なの。でも、それを選ぶかどうかはあなたたち次第。
さっきバイキングの話をしたでしょ？　それと同じで、今世で目覚めること、つまりアセンションを選ばない選択をする人もいるの。「眠り」を選択する人たちはいっぱいいるわ。
でも、それは別に悪いことじゃないの。次の機会でもいいわけだし、あなたたちには選択の自由があるからね。

人生はなんのためにある？

「ありのままの自分でワクワク生きる」

ネブラ　ところで、アイシス。ずばり本質的なことを聞くけど、人生ってなんのためにあるのさ？

アイシス　それはね、「あなたそのもの」が人生なのよ。
テレビの前でみかんをグータラ食べているのも人生、道に迷ってお土産のアイスクリームがドロドロになっちゃうのも人生なの。

ネブラ　あ、それは先週の出来事……。

アイシス　あなたたちは、エゴを使って物質的な出来事に意識をフォーカスしている。そして、物事が実るまでの過程を体験しているのよ。

そのつど、新しい自分になる成長過程を体験しているの。だから、「新しい観点で自分を知る旅」が人生ってことなの。

人生を生きていないって瞬間はどこにもないわ。

ただ、今この時代を生きているあなたたちは、**「ありのままの自分で生きること」**を人生のテーマに選んでこの地球にやってきているの。

ネブラ　でも、人生のテーマはそれだけじゃないでしょ？

アイシス　もちろんよ。人類全体の共通のテーマは「ありのままの自分で生きること」。そして、無価値感や自己否定感から解放された「ありのままの自分」になって、ワクワクして生きることなの。だから、あんまりマジメに考えないでも大丈夫よ。

「ワクワクする自分」を選んでさえいけば、必ず進化と成長を体験することになるからね。

人生は「自分の真実を見つける旅」

ネブラ　わかったよ。やっぱり答えは「**ワクワクを追いかけること**」に尽きるんだね。バシャールも同じことを言ってたよ！

宇宙人の教えってみんな共通しているから助かるよ。

アイシス　宇宙の真理はひとつだけよ。捉え方は人の数だけあるけどね。あなたが好きな方法で捉えていけばいいの。

人生っていうのは、「自分の真実を見つける旅」でもあるわ。

「新しい自分」になると、答えを引っ張ってくる視点も変わってくる。

変化した視点から、またステップアップして新しい自分ができあがるの。

こうやって進化の階段をどんどん登っていくのよ。楽しいでしょ？

ネブラ　うん！　あれ、そういえばアイシスの姿って見えないけど、どうしてなの？

アイシス　見たい？　本当に？

ネブラ　そう言われると怖いなぁ。じゃあ、一部だけ見せてよ。

アイシス　……目を開けてごらん。

ネブラ　ん？

目を開けると、暗闇にネオンのような光線でかたどられた大きな唇が迫ってくるのが見えた。

ネブラ　ひえー！

アイシス　おびえないで〜。愛しいあなたにキスをしてあげようと思っただけ〜。

ネブラ　いえ〜、遠慮します！

キャッキャッキャッ……という笑い声が頭の中で聞こえたかと思ったら、自分も声を出して笑っていた。

「おやすみ〜！」

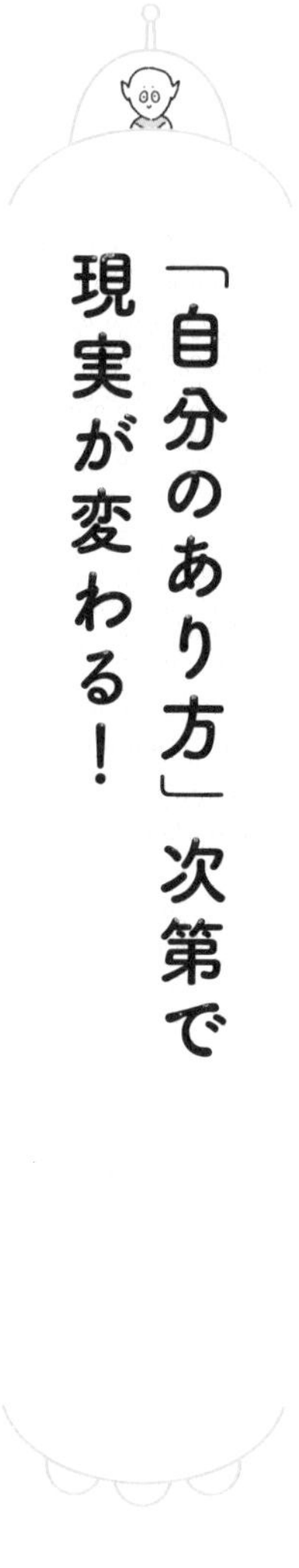

「自分のあり方」次第で現実が変わる！

「なんでこんなことに巻き込まれたんだろう……」

翻訳の仕事は、会議はしょっちゅうあるけど、基本的に在宅でいいから、割と自由がきくほうだ。

自分の家の周辺は自然が豊富で、よく鹿やリスがやってくる。

毎朝森を散歩して頭をスッキリさせるのがいつもの日課なんだけど、最近、集中力がそがれる事態が起こっていた。

その日は出張も兼ねて、バシャールをチャネリングしているダリル・アンカの個人セッションに参加していた。

セッションの帰り道、バシャールに言われたことをぼんやり考えながら、ホテルへ車を走らせていた。

「自分のあり方ねぇ……」

実は、数ヶ月前に信頼できると思っていた人から詐欺まがいの手口でお金をだましとられ、警察に相談するほどの事態になっていた。

私を訪ねてやってきたアイツは、経歴もふくめて何もかもがデタラメだった。

とある会社に勤めていると言い、私が尊敬しているその会社の社長から、私の連絡先を聞き、会いにきたのだ。

実際はそこで正式に働いていたわけではなく、インターンをやっているだけだったようだ。あの社長の会社に勤めているなら、と私は何も疑わずに信じ切ってしまった。

アイツが所属する会社からは、「こちらでなんとか対処しますから、とりあえず相手にしないで無視するように」と伝えられていた。

私以外にも被害者がいて、会社側も手を焼いているようだった。

社長からはおわびのメッセージをもらい、とにかく今は触らないでおくように、と

言われていた。

「本当にうかつだった……。なんであんなわかりやすいウソにだまされちゃったんだろう?」

自分に腹が立って仕方がない。

今回、バシャールと話をする機会に、ぜひその出来事について聞いてみたいと思った。何かヒントをもらえるかもしれない。

「嫌な出来事もすべて必然」

バシャール　その嫌な出来事は、「君のあり方」を調律するために必然的に起こったのさ。

ネブラ　で、でも、バシャール!　アイツは……あっ、すみません。あの人は勝手に私に狙いを定めてやってきたんですよ?

バシャール　君との共同作業で、今回の体験を生んでいるんだ。仕掛ける人がいれば、それを受け取る人がいる。そうじゃないと何も成立しないだろう？

ネブラ　あ、はい……。

バシャール　じゃあ、こう考えてみよう。その人が君をだましていなかったら、今の君はいなかったはずだね。では、それが起こらなかった自分はどんな自分だったと思う？

ネブラ　今の自分のほうが、だまされる前の自分より数段好きではありますね。何よりも以前の自分ではできないと思っていたことが、自信を持ってできることがわかったし、自分とまったくちがう世界に生きる人にはじめて会えて視野が広がったし……。アイツに会ってなかったら、今の自分になるのにあと何年かかったかわからない……。

バシャール　それが答えだよ。**「自分のあり方」を調律して、理想の自分に近づくために必然的な出来事**だったのさ。だから今君が言ったように、自分をもっと好きになれたのはまさにその人のおかげだよ。

ネブラ　それでも、自分が仕組んだなんて考えにくいけど……。

バシャール　厳密に言うと、君が体験したい「理想の現実」があるだろう？

その現実にシフトするには、〝今までの君〟が変わる必要があったんだ。

だから、君のハイヤーマインドが今回の体験を引き寄せて、君が変わっていける機会を与えてくれたんだよ。君の言うアイツという存在を引っ張ってきてね。

だから、君がアイツと共同で創り出しているってことなのさ。

君はアイツを見て何を思った？

ネブラ　あんな人間になりたくないって思いました……。

バシャール　よろしい。それがアイツから君への贈り物だ。君はそれを受け取って望む自分に一歩近づけたってことなんだ。理解できるかい？

「被害者」をやめる

ネブラ　はい。でも、これを仕掛けたアイツはどうなっちゃうんでしょうね？

バシャール　それは君が心配することではないよ。

君たちがおたがいに正面衝突を起こしたおかげで、君の進むべきことと その人が進むべき道がハッキリしたんだ。そうだろう？

そもそも、自分の現実は自分のあり方がつくっているからね。

だから、おたがいのあり方に沿った現実を、おたがいに明確に選ぶことができたのさ。理解できるかな？

ネブラ　はい、なんとなくわかります。

バシャール

君のあり方が変わると現実も変わってくるんだ。

被害者意識の自分だと、自分は被害にばっかりあっていると思う現実を生きることになる。

それは自分のあり方が、被害者側に調律されているからなんだ。

逆に、楽観的なあり方だと、たとえ意図的に何かされても気がつかないしなんとも思わないのさ。

コロナ渦中の「マスク」に対する反応も、その人のあり方で変わってくるのはわかるだろう？

人によっては、政府に支配されて強要されていると捉える人もいれば、シートベルト着用みたいな感覚でいる人もいる。

その人のあり方次第で、どうにでも体験が変わってくるんだよ。

ネブラ

だとしたら、アイツはそんなに悪いやつじゃなかったって思えるな。

むしろ、新しい自分になるキッカケをくれたんだから、ありがたいや！

新しい発見をありがとう！　バシャール！

バシャールはやっぱりすごい。これがバシャールの「手放しに必要なステップ」のうちのひとつ、**「すべてを赦す」**か！

たしかに以前の自分とちがった自分になっているのは明らかだ。バシャールと話していたら、なんだか体がのぼせちゃった感じだ。今日はゆっくり風呂にでも浸かって今日あったことでも考えてみるかな。

なんて思っていたら、「ピーン！」。アイツからメールだ！

「こんにちは、ネブラさん。あなたに会えて本当によかったです。
今までウソをついて、迷惑をかけてごめんなさい。
会社をクビになり、罰金も払うことになりましたが、これでよかったと思っています。ありがとう」

まさかアイツから、「ありがとう」なんて言われると思わなかった。アイツからのナイスなメールに、心底うれしい気持ちでいっぱいになった。

上空からバシャールが微笑みかけている感じがして、もう一度「ありがとう！」と言って、空を見上げた。

波動を上げる！
宇宙人から地球人へのメッセージ 1

ネガティブな体験は、
「より理想的な自分」に近づくために
自分で仕組んだストーリー！

第 2 章

あなたのバイブレーションを今すぐポジティブな波動に変える！

ポジティブに捉えるほど、いいことがやってくる！

宇宙の万物に働く「引き寄せの法則」

ついこの間の夏、ワシントン州に『引き寄せの法則　エイブラハムとの対話』（SBクリエイティブ）の著者、エスター・ヒックスがやってくることを知り、友人と一緒にセミナーに参加した。

年に1回ワシントンでセミナーを開催しているが、参加するのは今回がはじめてだ。

エスター・ヒックスは、80年代から非物質界の宇宙意識の存在である「エイブラハム」にチャネリングして、高次元の教えを伝え続けている。

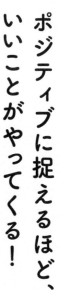

エイブラハムの代表的な教えの中に「引き寄せの法則」がある。

引き寄せの法則とは、「自分の思い」と「同じ状態」が戻ってくるという宇宙のシステムのことだ。

たとえば、お金が足りないと思えば、もっとお金が足りない状態を引き寄せるようになる。逆に、自分は満たされていると思えば、もっと満たされた状態を引き寄せるようになるんだ。

このことは**「自分でまいた種は自分で刈り取る」**と説明されている。

バシャールは「自分の考え」が形になって現れることを「シンクロニシティ」（意味のある偶然の一致）という呼び方をしているが、シンクロニシティと引き寄せの法則はかなりリンクしている。

転職について考えていたら、偶然つけたテレビに自分が転職したかった企業が現れる、別の日に友人と話していたら同じ企業の名前が出てくる、というのもシンクロニシティの一種だ。

シンクロニシティは高次元からの道案内のようなものだ。シンクロニシティに気づ

けば気づくほど、自分の考えがすべてのものを引き寄せている、この世には引き寄せの法則が働いていると実感できるだろう。

高次元の存在であるエイブラハムとバシャールは、スピリチュアル界にはなくてはならない存在だ。

どちらかと言うと、エイブラハムの教えは女性的で具体的であるのに対し、バシャールの教えは男性的でマニュアル的であるのが特徴だ。

2人とも同じことを別の視点から話してくれているので、2人の話を交互に聞くとかなり理解が深まる。

エイブラハムのセミナーで遭遇した奇跡

エイブラハムのセミナーは、地元で有名な由緒あるシアターで開催された。

当日、会場ロビーはおしゃれに着飾った人たちで華やいでいた。こんな盛りあがりを見たのはマリナーズの試合以来だ。

私たちが到着してすぐにシアターの入り口が開けられ、多くの人たちがドッと中へ吸い込まれていく。

私はセミナーが始まる前にトイレに行っておくよ、と言って、友人に先に会場のほうに行ってもらった。

静まりかえったロビーを突っ切ってトイレに向かう途中、会場の入り口付近に小さなボードを持った2人の女性が立っているのが見えた。

ボードには、「エイブラハムのセミナーを楽しんでください」と書かれている。

エイブラハムのセミナーはかなり高額だし、もしかしたら、2人ともチケットがなくて、入りたいけど入れないのかもしれない。

トイレから戻ると、ロビーに60代くらいの女性が駆け込んできた。

「あぁ、間に合ったわっ！」

派手なトロピカル柄の服を着た女性は息を切らしている。

彼女は会場の入り口へ向かうと、扉の横に立つ２人の女性に気がついたようだ。

「もしよかったらあなたたちも私と来ない？　チケット代を払ってあげるわ」

２人はキャーッと歓声を上げ、そばにいた私にまでハグをした。

「うれしい！　夢のようだわ！」

「あ、よかったですね！　でも、あの、私は関係ないですよ〜」

「**あなたがこの場に居合わせたのは、私たちの周波数とマッチしているからよ！**

うれしいったらないわ！」

そう言って、ぴょんぴょん飛び跳ねて全身で喜びを表している。

エイブラハムのセミナーに来る人はやっぱり言うことがちがう。

「お城もボタンも、手に入れるプロセスは同じ」

「さぁ、もうすぐ始まるわ。会場に入りましょう」

私たちはステージが目の前に見える会場へと入っていった。

どうやら、私たちが会場に入る最後の客のようだ。

会場の照明はすでに落とされ、みんな静かにエスターの登場を待っている。すると、ステージが突然照らされ、嵐のような拍手とともにエスターが登場した。以前動画で見た感じよりも、小柄で可愛らしい女性だ。

エスターの体の中にエイブラハムが降りてくると、エスターの声は急に重みのあるものに変わった。

「こんにちは。あなたたちはもともと自分が『非物質界の存在』だということを知っているかい？

自分のリアリティは自分自身が創り出している。

あなたたちの望みは、ちゃんと手の届くところにあるんだ」

そうエイブラハムが言った瞬間、さっきの２人の女性の顔が思い浮かんだ。すると、突然会場のうしろのほうから声がした。

「今まさにそれを体験しました！　会場に入るお金がなかったのだけど、親切なこの方が私たちを入れてくれたんです！」

びっくりして、うしろを振り返ってみると、さっきの２人組の女性のひとりが席から立ち上がっていた！

「おめでとう！　願いを叶えるのはとても簡単だっただろう？
あなたの周波数が願いとマッチしたから手に入れることができたんだ。
お城を手に入れるのも、ボタンを手に入れるのも、まったく同じプロセスなんだよ」

ソース（源）から「願いを叶えるステップ」がやってきている！

エイブラハムがそう言った瞬間、黄金に輝く光が脳裏に見えて、声が頭に響いた。

アイシスだ！

願いが叶ったときの自分の周波数を「100」としたら、今の自分の周波数のダイヤルを「100」に合わせるだけで願いが叶った自分になれるのよ。

つまり、望んだものを手に入れることができる。

でも、今の自分の周波数が「90」のままだったら願いは叶わない。

それは、周波数にギャップがあるからなの。

つまり、ラジオでＦＭ83・5を聴きたいのに、ＦＭ90にダイヤルが合わさっていたら何も聞こえてこないのと同じ原理よ。

でも、たとえ今の周波数が「90」だったとしても心配はいらないわ。

だって、残りの「10」を埋めるステップが、「ソース（源）」から順序よくやってくるからね。だから、あなたたちがするべきことは、やってくるステップを締め出してしまわないこと。それだけなのよ。

「ソース（源）」とはすべての源で、「すべてがやってくるもとである場」のことを指

している。

言葉を変えると、ソース（源）を「神の存在」や「創造主」と言ったり、「大いなるすべて」と言ったりする。

感覚的なことで言うと、喜びや豊かさや楽しさを感じているときが、ソース（源）のエネルギーが体を巡っている瞬間を表しているんだ。

だから、「ありのままの自分」でワクワクを追いかけているときが、まさにソース（源）のエネルギーが動いている瞬間になる。

「私たち2人は今日、会場に入れなくてもかまわないと思っていました。ここの雰囲気を味わうだけでも十分幸せだと思っていたんです。

でも、いつか生のエイブラハムに会える日がやってくるって確信していました。

まさか、それが今日叶うなんて、最高です！」

女性がそう言うと、会場がわーっと沸きあがって、歓声があがった。

「あなたたちが願いに対して常に誠実でポジティブで、結果に期待することなくワクワクする、ポジティブな自分でい続けたからだ。

会場のみなさん、**あなたたちの願いもちゃんと手の届くところにあるが、『願いが手に入った自分』と『今の自分』の周波数にギャップがあると、願いがやってくることはできない。でも安心して！**
ソース（源）はそのギャップを埋めるためのステップをちゃんと送ってくれているからね」

エイブラハムのこの言葉に勇気づけられる気がした。

楽観的に、結果にこだわらず、ポジティブに

「望みはいつか手に入るさ」という感じで楽観的な自分でいると、結果にあまりこだわらなくなる。この状態がソース（源）のエネルギーがやってくる道を開けた状態らしい。

この2人の女性は、「会場にいられるだけでも幸せだ」とポジティブに捉えていたから願望実現の道が開き、周波数のギャップが埋まっていったんだ。

逆に、結果にこだわって執着した状態で願いを叶えようとするのは、ボーイング777を家の前のマンホールに着陸させるくらい難しいことになる。

だから、結果にこだわって、ソース（源）のエネルギーがやってくる道を閉ざさずに、楽観的にポジティブに捉えていると願いがグンと叶いやすくなる。この2人の女性たちみたいにね！


セミナー自体は2時間ちょっとで終了したけど、この2人の女性の話が一番印象的だった。

気分的には半年分の教えと気づきが一度に来た感じだ。

友人と終わったばかりのセミナーについてワイワイ話しながら駐車場へ向かっていると、先ほどの女性たちがこちらにかけ寄ってきた。

「あなたは私たちの生き証人だわ。今日という日を一生忘れない。あなたも忘れないでね！　**あなたの願いも絶対に手の届くところにあるから。**じゃあまたね！」

そう言って2人は元気に手を振ってくれた。

すべてをポジティブに変えていけるパワーを、２人がデモンストレーションして見せてくれた。どんなセミナーより強烈だった。

自分にもできる！　そう思えた瞬間だった。

願いを叶えるヒント

大きな夢でも叶う？

「願いは手の届くところにある、かぁ……」

雨音を聞きながら、この間のエイブラハムのセミナーのことをボンヤリ考えていた。

私の長年の願いは、いつか日本に「自然幼稚園」をつくることだ。

自然の中で、子どもたちが遊びを通してワクワクする体験を選んでいける、そんな安全な場所を提供できたらと願っていた。

「どこから始めればいいのだろう、エイブラハム！

もしかしたら、私の願いが大きすぎて、ソース（源）からギャップを埋めるためのステップがやってこられないのかな？」

そんなことを思いながら、ふと今晩の予定を思い出していた。

「今晩のパーティーで、何かヒントがつかめればいいんだけど……。

そういえば、何か飲み物を買っていかないと」


山のふもとにある大型スーパーへ出かけた。

車を運転しながら、エイブラハムのセミナーであったことをボンヤリ考えながら、雨の山道をゆっくり降りていった。

すると、途中で突然エンジンが弱々しくなり始めた。

だんだんハンドルが重くなって、車体がガタガタ言い始めている。

「うわぁ〜、車の警告灯が一気に４つもついちゃったじゃないか。ハンドルが重すぎてどっち側にも切れない……」

エンジンが今にも止まりそうだ。最近めっきり寒くなって、車の調子がよくなかったのだ。

アメリカは車社会だから、車なしでは生活できない。電車やバスがほぼない場所に住んでいるだけに、私にとっては死活問題だ。

「こりゃ、本当にやばいぞ……」

山道を降りたすぐ横の路肩に車を寄せ、エンジンを切ってしばらく待つことにした。

5分後、エンジンをかけると勢いが戻って走れるようになったが、またいつ調子が悪くなるかわからない。

「まいったなぁ。今夜のパーティーは友だちの車に乗せてもらうか」

車が壊れた日に、引き寄せた出会い

結局、近所の友だちに頼んで、高級住宅街に建つ友人宅のパーティーへ向かった。

森の中にあるドデカい家で、そばに小川の音が聞こえる。

家の中は体育館のように広く、一体何人集まっているのか数えられないほどの人たちがワイワイと楽しそうにしていた。

「おー、いらっしゃい。さぁ、さぁ、楽しんでいってね。あっちが食事コーナーでこっちに飲み物コーナーがあるからね」

何もかも規模が大きい。しかも、レストランのバイキングで並ぶ食事よりもおいしそうで豪勢な食事がたくさん並んでいる。「うわわ！　すごいごちそうだ！」。

友人と私は何年も食べ物を見ていなかったかのように、食事コーナーに張りついた。

すると、ちょっと強面のイカツイ男性が食事コーナーへやってきて、

「こんにちは～！　ごちそうにたかってるね～」

と、冗談交じりに、もっと食べなさいと言ってくれる。こちらが笑顔になると、とたんに優しそうな顔になった。

「僕はトシ。車関係の会社で働いているんだ。よろしく！」

ソース（源）からステップがもう運ばれてきたぞ。瞬間的にそう思った。これが「引き寄せ」ってやつだ。

「はじめまして！　じつは車を買い替えたいと思っていまして……。車について知識がないので教えてほしいです」

「もちろんだよ！　どんな用途で車が必要なんだい？　自分のライフスタイルに合った車を選ばないとね。

車はね、足になるだけじゃなくて自分の人生を映し出す鏡みたいなものなんだ。だから慎重に選ばないとね」

トシさんの言葉には優しさがあって、ものすごく説得力がある。

私はできるかぎりくわしく説明した。

「それだったらおすすめの車種があるよ。明日にでも車を見に行こうか？」

「はい、よろしくお願いします！」

トントン拍子に物事が運んでいるぞ。

これもエイブラハムが言っていた「願いを手に入れるためのステップ」なんだ。

必要とするけど期待はしない

家に戻って寝る準備をしているときに、「願いを叶えたい」と思った自分がどんな心でいたのかを分析した。

もしかしたら、ここに「受け取り方のヒント」があるかもしれないと思ったからだ。

あのとき、本気で車が必要だと思っていたし、よけいな思いはひとつも入っていなかったように感じる。

具体的にどうやって手に入れよう、とはいっさい考えていなかった。期待感は持っていなかったんだ。

次の日、私はものの数時間で車を買い替えることができた。

本当にエイブラハムが言った通り、ほしいものを引き寄せるのは、ボタンを引き寄せるのと同じくらい簡単だった。

しかも、トシさんのおかげで、従業員割引で買うことができた。オマケもいっぱいつけてもらえた。

「トシさん、本当に感謝しています。昨日今日で車が手に入るとは、まったく思ってもいませんでした。本当にありがとうございます！」

「いえいえ！　お役に立てて僕もうれしいよ。きっと前の車種には戻れなくなるよ。今の車はあなたのライフスタイルにぴったりだからね。

それから、**車はあなたの人生を映し出しているから、優雅に運転すれば優雅な人生を送れるようになるんだ。**

逆に、時間に追われて焦って運転していたら、時間に追いかけられる人生を送ることになる。だから、車（人生）を愛してあげてね！」

そう言うトシさんの言葉に妙に納得する自分がいた。

「人生を優雅に楽しみます！」

私は手に入れたばかりの車を優雅に運転して、自宅へと向かった。

「願いが叶った自分」の周波数になった瞬間、物事が動き出す

その夜、親友の妹から連絡がきた。

1ヶ月に1度必ず連絡をくれる、家族みたいな存在だ。

「久しぶり！　元気だった？

あのね、私の母が今月で幼稚園の園長を退職することになったの。

だから、今度そちらに母と遊びに行くわ。よろしくね」

お母さんが幼稚園の園長だったとは初耳だった。

「もちろん！　来るときはいつでも声をかけて。楽しみにしているよ」

何やら物事が少しずつ動き出したようでワクワクした。

そして数日後には、「自然幼稚園を一緒にやりたい」というメールをたくさんの人からもらった。以前から自然幼稚園をいつかやりたい、と周りの人に話していたのに、ここ2、3日で急に進展した感じだ。

ソース（源）から次に進むステップが送られてきている。

ステップを踏むがてら、私の周波数が「願いが叶った自分」の周波数に合わさっていく。そして、ぴったり合ったときに物事が動き出すんだ。

引き寄せのメカニズムを身近に感じられた瞬間だった。

「ポジティブ」も「ネガティブ」も自分で選べる！

感染への恐怖でピリピリする人たち

新型コロナウイルスのパンデミックでワシントン州に自宅待機要請が出た翌日、アジア系アメリカ人の友人が嫌な思いをした、と言って電話をかけてきた。

「昨日買い物に出かけたとき、アレルギーで思わずクシャミが出ちゃってさ。
そうしたら、うしろにいた男性が怒り出して、具合が悪いなら家に戻れ！
君はマスクをするべきだって言ってどなるんだよ。しかも、そいつはマスクしてないんだ！」

このころはマスクが必須ではない時期だったから、彼は悔しそうにしていた。

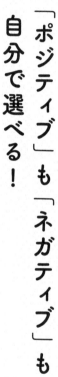

「でもさ、そいつの買い物カゴを見たら、赤ちゃんのオシメがいくつも入っていて、なんだか怒る気がなくなったんだよね。きっと家にいる子どもや家族のことが気になったんだろうな」

「不安と恐怖でいっぱいだから仕方ないよな。新型コロナがどんなウイルスなのか、まったくわかってないしね。ニュースは怖い報道ばかりだし」

最近のメディアは新型コロナウイルスによる死者数をうんざりするぐらいカウントして、国民の恐怖をあおっているように見える。

マスクの値段は一時期数十倍にはね上がり、トイレットペーパーをバラ売りして儲けようとする輩《やから》も出ていた。

だけど、不安と恐怖をいっぱいまき散らす人がたくさんいる一方で、見知らぬ人に対して思いやりを持つ人がどんどん増えてきている感じがする。

医療関係者や荷物を配達してくれる人、スーパーの店員さんだってリスクは大きいはずだ。そういった人たちに、思わず笑顔でお礼を言いたくなる。

パンデミックは「覚醒」と関係している？

そういえば、バシャールがこの間のイベントで「パンデミックは覚醒と密接に関係している」って言ってたっけ。

目覚めて生きるのか、または眠ったまま生きるのか、ポジティブを選ぶのか、またはネガティブを選ぶのか、いずれかをハッキリさせるために起こっているらしい。

パンデミックは軌道修正を促してくれている。望まない状況に進みつつある現状から、望む状況に進むよう修正して別の方向へと進む機会が与えられているんだ。

その夜、明晰夢に新しい訪問者がやってきた。バシャールと同じ、惑星エササニからの存在で、私の「未来世」にあたる宇宙人らしい。

夢の中で私が波止場のベンチに座っていると、隣に座って話しかけてきたのだ。

やあ！　僕はシャライイーだよ。さっき君が考えていた「ポジティブ」と「ネガティブ」について、もっと説明したいと思ってさ。

まず、「ポジティブ」は統合、拡張するエネルギーなんだ。

このなかに進化や成長や発展がふくまれる。だから、「目覚めて生きる選択」をする人は、光に向けて進化を選ぶ人なんだ。

一方で、「ネガティブ」は分離、収縮するエネルギーだ。こちらを選ぶと、「眠ったまま生きる選択」をすることになる。

たとえば、君の友人がクシャミで嫌な体験をしたけど、**ポジティブな考え方をする人は、その思いに停滞せず、新しいポジティブな考えに切り替えることができる。**さっきの君の友人みたいにね。

でも、ネガティブな考え方をする人は、ずっとその思いから立ち直れない。「なぜ自分ばかりが不幸な目にあうのか」と思い続けて、新しい考えやアイデアから自分を分離させて閉ざしてしまうんだ。

そうすると、出口がどこにも見えなくなってしまうのさ。


シャライーと話すうちに、いつの間にか深く眠ってしまったようだ。

目が覚めたとき、「本当の地獄は、自分が分離していることにさえ気がつかないこ

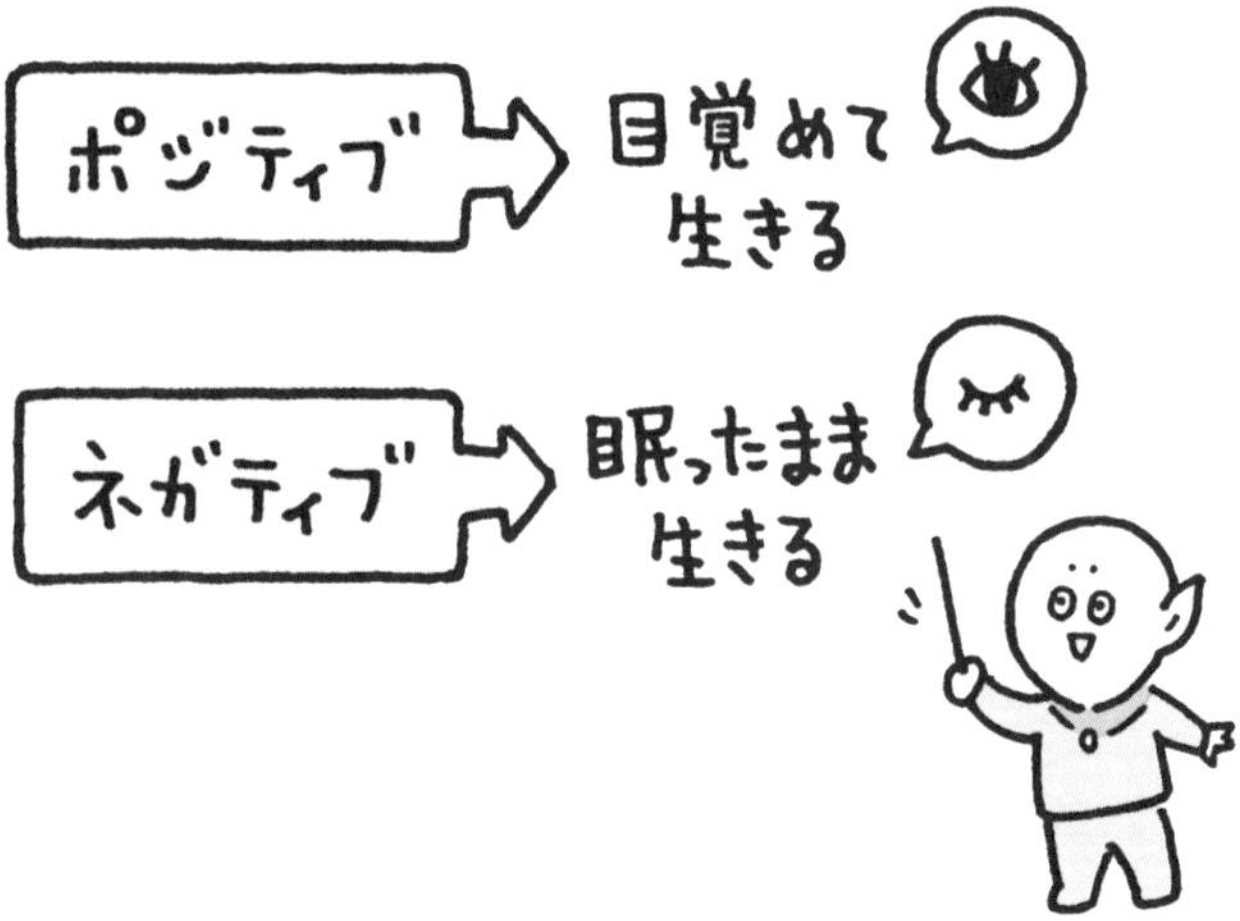

とだ」とバシャールが言っていたのを思い出した。

新しい自分になれることを知っていたら、現在の状況は一時的なものだとポジティブに捉えて、先に進める。

でも、ネガティブになっていることにさえ気づいてなかったら、自分を変えようなんてみじんも思わないもんな。

出来事にどう反応するか。自分のあり方が重要

パンデミックに対する反応はさまざまだけど、コロナ渦中のこの状況からひとつ大きな気づきがあった。

それは、みんなで協力し合って大きな

山を乗り越えようとする動きが出てきているということだ。
私が住む地域では、夜7時すぎになると車のクラクションをいっせいに鳴らす。医療関係者たちに感謝の意を示すために。ある国ではベランダに出て拍手するし、ある国ではフライパンをカンカン鳴らして感謝を示すらしい。

「表面的にどんなふうに見える出来事でも、起こっていること自体はそれほど重要ではない。それに対する自分の反応が極めて重要だ」

そうバシャールは言っているけど、まさにパンデミックの影響で大きな愛が誕生し、その愛が接着剤となって団結と統合があちこちで起こり始めている。
その逆では、パンデミックは世の中を支配するツールだと言って分離していく人たちも増えている。まさに、「統合と分離」「目覚めと眠り」「ポジティブとネガティブ」がハッキリ浮き彫りにされる出来事のように思える。

「まだ話が途中だよ！　もう少し聞いておくれよ」
シャライーが頭の中で言った。

「ポジティブ」と「ネガティブ」の正反対のエネルギーは、どちらか一方が欠けていたら成立しない、存在できなくなってしまう。

だから、宇宙にはこの2つのエネルギーと、そのどちらでもないエネルギー、「ニュートラル」が必ず存在しているんだ。

どちらのエネルギーを選ぶのかは自分次第で決定できる。

今回のパンデミックに対する反応も自分で選んでいる。選ばれているわけではないんだ。だから、ポジティブな自分だったらどう選ぶだろう？　そうやって考えてみると選びやすくなる。

また、自分がポジティブだと思って想像するのもいいだろう。たとえば、**「バシャールだったらどう選ぶだろう？」**という具合にね。

「シャライーありがとう。今晩の7時すぎのクラクションタイムは感謝の気持ちを込めて、思うぞんぶんに鳴らすよ」

それが私の中で一番しっくりくる選択だからね！

「あなたはどうしたいのか？」

ママ友にどう思われているか、気になってしかたがない…

2児を育てている女性の友人から、「今日あなたに会って話がしたいの。じつはいろいろ悩んでいて……」と連絡があった。

彼女は子育てが落ち着いて、職場復帰したばかりだった。

「ごめんくださーい」

友人がスイーツをたくさん持って現れた。

友人はソファに座るや否や、「ママ友にどう思われているのかってことばかり考えてしまって、このままだと病んでしまいそう……」と打ち明けてくれた。

家事やお料理、子どもたちの服装までもが評価の対象になっている気がして、気が気でないと言う。

「もう誰とも会いたくないわ。学校の説明会には仕事で参加できないし、体操着や上履きも清潔に洗って用意してあげなくちゃいけない。でも、いつもそれができるわけではないし」

あるときは、あなたの息子の水筒が汚れている、とわざわざママ友から連絡があったそうだ。

「水筒の外側にシールが貼ってあって、そこが少しカビていたの。でも、中はキレイなのよ」

おまけに、「あなたが子どもを厳しく叱りすぎだって、Aさんが言ってたわよ」って、別のママ友から報告を受けたりもするらしい。

「あまりにもいろいろ言われるから、自分のやっていることは変じゃないかしら、ママ友にどう思われるかしら、って何もかも心配になってきちゃって……」

彼女の話を聞いていると、一瞬、頭の中でバシャールのマントラ「**それがどうし**

た？／So what？」のフレーズが見えた。

マントラのはじっこでシャライーが手を降っているのが見える。

このフレーズはさすがに言えない。

トイレに立ったついでにシャライーにフォーカスすると、シャライーがプラカードを持って立っているのが見える。

先ほどの「それがどうした？／So what?」をサッと消して、代わりに「**自分がどう思うかが大切**」と書いてくれた。

「こっちだったら伝えられそうだ。ありがとう、シャライー！」

「どう思われるか」ではなく、「自分がどう思うか」

トイレから戻って、先ほどもらったメッセージをこう伝えた。

「人がどう思うかではなく、自分がどう思うかにフォーカスを移して。

今の君は他人軸になっていて、人の目線で自分をジャッジしてしまっている。

そうじゃなくて、軸を自分に戻してあげるといい。

そうすると、自分の目線で周りを見ることができるようになって、よけいな気負いをしなくてすむ」

メッセージを聞いた瞬間、彼女はハッとした顔になって、

「たしかに、私は他人の目で自分をジャッジしていた気がする。私自身の気持ちをゆっくり見つめてみるわ」

と答えた。その表情には本来の彼女らしい、穏やかさが戻っていた。

彼女の様子を見ていたら、バシャールの言う、手放しに必要な2番目のステップ、**「自分を赦す」**が理解できた気がした。彼女が帰ったあと、気がつくと家の前に見事な虹が出ていた。

しばらくぼんやり虹をながめていると、頭の中でシャライーが話し始めた。

シャライー　「自分軸」で物事をながめると、必ず虹のような美しい輝きを見つけることができるんだ。なぜかというと、自分の光がベースになっているから、光を見つけるのはたやすいのさ。

でも、「他人軸」だとそうはいかない。美しい光はどこからも見えてこない。逆に影ばかりが気になってしまうから、光がどこにあるかわからなくなるんだ。つまり、混乱してしまう。

そもそも、誰かに何か嫌なことを言われたとしても、気に病むだけムダなんだ。なぜなら、君をよく知る友人や家族でさえ、君のことを君ほどちゃんと理解できている人はいないから。大して親しくもない相手なら、なおさら君のことをわかっていない。ここまで君にフォーカスできる人は、君以外に誰ひとりといないのさ。

みんなそれぞれ自分の人生を生きているわけだから、彼らに君の人生の文句を言われる筋合いはないんだ。

しかも、**彼らが君に向かって話しているように見えることでも、じつは彼らは自分自身について話しているだけなんだ。**

「分離している視線」で君にではなく、自分にダメ出しをしているわけだから、何を言われても気にすることはないのさ。

ネブラ　でも、ダメ出しするママ友を引き寄せているのは彼女自身でしょ？

「泥棒」と「盗まれたくない人」は引き寄せ合う

シャライー　そのとおり！　彼女は自分が良い母親じゃないかもしれないという、うしろめたさがあるだろう？

だからこそ、ダメ出しするママ友が引き寄せられているんだ。つまり、**彼女の思い込みをママ友が代弁してくれている**のさ。

でも、勘違いしないでほしいのは、これが真実だと言ってるんじゃない。

あくまで、君の友人が信じていることが物質化されているにすぎない。

宇宙は絶対にムダなことをしない。

ダメ出しをする人がいたら、受け取る人も必ずいるんだ。ちょうど、君の友人とママ友の関係みたいにね。

ネブラ　なんだか磁石みたいだな。

シャライー　まさに磁石だよ！

泥棒を働く人がいたら、盗まれるかもしれないと恐れる人とペアになる。人が怖いと恐れる人に、嫌がらせをする人が引き寄せられてくる。

出す側がいたら、必ず受け取り側がいるのさ。

だからこそ、**自分のフォーカスを「喜び」に設定することが重要**になる。

すると、喜びが引き寄せられる磁石が活性化するから、もっと大きな喜びが引っ張られてくるようになるんだ！

行きたい方向に進めないときは、「そっちじゃない」サイン

「ネガティブなシンクロ」も、ポジティブに活用できる

この日はレイニア山にハイキングに出かける日だった。
まだ起きるには早いと思ってうたた寝していると、突然誰かが頭の中に入ってきた。
シャライーだ！　高次元の存在が頭に入ってくるとき、体が一瞬、くの字に曲がる。
エネルギーの衝撃に体が反応するみたいだ。

やあ！　じつは最近、とくに「シンクロ（シンクロニシティ）が頻繁に起きている」と感じている人が多いんだ。
これまでの世の中は、自分の意見や思いを主張して自分らしい道を進む、

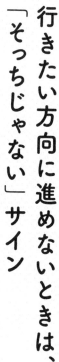

というより、誰かに与えられた基準に沿って進むのが当然だった。

そのせいで、君たちは毎瞬「自分」というエネルギーを宇宙に向けて発信しているのに、宇宙は何もサインを送ってこれなかった。

なぜなら、君たちの心が世間体や周りの常識などの雑音だらけのせいで、君たちが本当は何を伝えたいのか、雑音でまったく聞き取れないからだ。

でも、今は自分の意見や思いをまっすぐ主張できる世界になっている。

ひとつの基準だけじゃなくて、人の数だけ基準がある、とてもカラフルな世界になっているんだ。

「自分」というエネルギーが強いシグナルで送られているので、宇宙の耳にちゃんと届いている。

だから、宇宙はシンクロを送りやすくなっているんだ。

でも、シンクロにも、当然ながら「ポジティブ」と「ネガティブ」の両方がある。

これは、この間バシャールも言っていたことだけど、すべての物事には二面性があって、シンクロも例外なく「ポジティブ」と「ネガティブ」の2つのエネルギーがちゃんと存在しているんだ。

でも、ネガティブなシンクロだからってネガティブに受けとめる必要はない。これもポジティブに活用することができるんだよ！


「なんでシャライーは、ハイキングに出かける直前にこんなメッセージを送ってくるんだろう？」。不思議だったが、忘れないうちにパソコンに書き留めようと思い、そのまま起きることにした。

妨害ではなく、方向転換のチャンス

早朝、大きなおにぎりと飲み物をバックパックにつめ込んで、友人たちとレイニア山に向かった。山の上だからまだ残雪があって涼しい。

私たちは数時間かけてレイニアの山頂まで登り、適当な場所を見つけて食事することにした。

帰り道が右と左の2通りあるから、ジャンケンで負けたやつがどっちの道で帰るかを決めようということになり、負けたのは私だった。

「それじゃあ、あっちの道を見てくるよ」

筋肉痛の足を引きずって、右側の道を見に行くことにした。

道には誰もいない。道の片側が崖になっていて、ながめは最高だ。下の道がどうなっているのかよく見ようと思い、舗装された道から少し外れて、雪が積もった崖の端まで行った。そのとき、

「そっちに行っちゃだめだ！」

どこからともなく現れた男性に、大声で呼びとめられた。

「雪で覆われていてわからないと思うけど、そこには大きめの隙間が開いているんだ。そこにハマったら真下に真っ逆さまだぞ」

「ひえ〜！　助かりました！　ありがとうございます」

帰り道は左側にしよう。とっさにそう思った。


友人たちとワイワイ話し、懐かしい歌を歌いながら山を降りてくると、駐車場が真下に見えるところで何台かのパトカーが入ってきて、ものものしい感じがする。

何があったのかは、その夜のニュースで知ることになった。

ある夫婦がレイニア山に出かけたところ、山頂付近でケンカになり、おたがい別々の道で帰ってきたそうだ。

妻は右側の道を選び、夫は左側の道、つまり私たちが帰ってきた道を選んで下山していた。右側の道を選んだ妻はクマに襲われ、大ケガをしたそうだ。

じつは、私を呼びとめてくれた男性が大ケガをした女性の夫だった。

その男性は妻のことが心配になって引き返してきたけれど、すでに妻は右側の道を降りて見えなくなっていたので、左側の道に戻って下山したそうだ。

「奥さんが助かってよかった。だけど、あのとき呼びとめられていなかったら、私たちがクマに襲われていたのかもしれない」

そう思うとゾッとした。

「シンクロはベストなタイミングに、ベストなことを運んでくれる」ってバシャールが言っていた。

バシャールからこのフレーズを何度聞いたかわからない。

たとえ自分が行きたい道をブロックするようなシンクロが現れても、「そっちは君の選ぶ道じゃないよ」と教えてくれているサインなだけだ。

障害がやってきたわけでも妨害されているわけでもなく、方向転換する機会が運ばれてきたってことなんだろう。すると、シャライーの声が頭の中で響いた。

「自分のバイブレーションが『ありのまま』に近づけば近づくほど、シンクロが強くなって頻繁にシンクロがやってくるようになるんだ。

さっきも言ったように、ラジオの電波が強く太くなって聞き取りやすくなるみたいに、君の心が宇宙に届きやすくなるからなんだ」

シャライーは必要最低限のことしか言わないけど、いつもそばで見守ってくれていて心強い。

早く会いたいなぁ、とつぶやいたら、「何度も夢の中で会ってるけどね!」というシャライーの声が聞こえた。

目の前の出来事は「あなたの周波数」を表している

親友の病状悪化でストレスがピークに

一時期、何もかもが思うように動いていないように感じられて、「逃げられるものなら逃げ出したい！」と思っていたときがあった。

親友の病気が悪化して、完治を目指す治療から、余生を大切に過ごすホスピスケアに切り替わったことが原因していた。

ふだんの自分は、気分が滅入ってしまうきざしが見えたら、何も考えずに田舎道をドライブすることにしている。

大好きなコーヒーを買って、好きな音楽を聞きながらひたすら思いつきで車を走らせる。これだけで、不思議と気持ちがしずまって、まっすぐな自分に戻ることができる。長年の経験で私独自が生み出した自己ヒーリング法だった。

あれは、大きな嵐の翌日、親友の病状経過を聞いてストレスがピークに達していたときのことだった。

「あかん。このままじゃダメだ！」。気が滅入りすぎて、ひどく落ち込んでいた私は、お気に入りのコーヒーを買って、気分転換にドライブに出かけることにした。

前日の強風と大雨の影響で、まだ停電している地域もある。

道路脇に粉々に散った木の破片が転がっていて、まるで怪獣が暴れたあとのようだ。

「自分の心の中みたいだな……」

そして、この日、私は同じメッセージを3回、目撃することになった。

3度現れた「逃げたい」メッセージ

私の家は山の上にあり、スーパーや病院は山のふもとに集合している。

救急病院の前を車で通過すると、入院着を着たお兄さんが猛ダッシュで病院から脱

走しているところだった。薄手の入院着はうしろをひもで結ぶタイプで、お尻が丸出しだ。そのうしろを白衣の先生2人が追いかけている。

両腕を振って逃げる入院着のお兄さんはどう見ても健康そうだ。

このときはまだ、この出来事が自分の思いとリンクしているとは気がついていなかった。「お医者さんも大変だな」と思っただけだった。


となり町にやってきて、市役所前を通りすぎたあたりで、今度は入院着を着たお姉さんが猛ダッシュしているところに出くわした。

下にちゃんとパンツをはいていて、両腕を大きく振って走っている。

このときに、「おや？　なぜ2度も病院から脱走する人を見るんだ？」とちょっと気になり始めた。お姉さんのうしろには誰も追いかける者は見当たらなかった。


極めつきは田舎道を通ったときだ。昨晩の嵐でフェンスが壊れてしまった農家から、馬が6頭脱走しているではないか！

馬が逃げたら、農家の人が大変だろうと思い、車でゆっくり馬に近づいてフェンスの中へ誘導しようとした。

でも、結果的に馬を追いやる形になってしまい、まんまと森の奥深くに逃げていってしまった。

「うわわ、よけいなことをしてしまった。農家さん、ごめんよ」

このときに自分の思いが物質界に投影されていることを悟った。


その日の夜のこと。

明晰夢に出てきたバシャールから、「あなたの親友は、病状が悪化して、『本来の自由な自分』に戻るため、物質界を出て非物質界に戻る決心をしたんだ。そして、そのことにあなた自身はちゃんと

気がついていた」と知らされた。

その明晰夢では、バシャールが寝室のベッドの横に立って、今日の出来事をくわしく解説してくれたのだ。

バシャールは、私が親友の決心を受けとめるのが怖くて、「逃げ出したい」と強く願ったんだと教えてくれた。

病院から脱走する2人も森へ逃げて行く6頭の馬も、みんな自由に向かって走っていたことをバシャールから教えてもらった。

私はバシャールからその話を聞いて、「逃げ出したい」と思う現実を受けとめよう、そう思うようになった。

親友が選ぶ道を心からリスペクトしたい、そう思ったからだ。

バシャールが私の心の変化に微笑んでいるように見えた。

捉え方を変えれば、体験も変わる

目の前の出来事は、自分の周波数によってできている。

だから、目の前に起きた出来事から、自分の周波数をあらかじめ判断し、自分が降り立つ世界をあらかじめ予測することができる。

自分の降り立つ世界が嫌だったら、自分の進みたい道を改めて選び直して方向転換すればいいんだ。

周囲の出来事をコントロールすることはできない。コントロールできるのは自分の思いや感情だけ。だからこそ、自分の捉え方をポジティブに変えていく。すると、体験も変わってくるようになるんだ。

今回の出来事で、私は親友の選ぶ道をまっすぐ受けとめることができた。だから、親友とその家族に対して誠意を持ってサポートできる。

そこに後悔の思いはまったく生まれることはなかった。

「他人軸」は自分のパワーを放棄しているのと同じ

「アドバイス通りにやったのに！」

ある日、30代後半の知人女性から、「子どもがほしいのに、なかなかできない」という相談を受けた。

彼女はいろんな人からアドバイスをもらって試してみたけど、ちっとも効果がないの、と怒っていた。

漢方が効くというので飲んでみたけれど、時間とお金のムダだったし、ヒーリングがいいと言われ、行ってみたけどなんの効果もないし、自分はだまされた。

最終的に不妊治療をすすめられてやってみたけれど、お金ばかりかかって、結局うまくいかなかったそうだ。

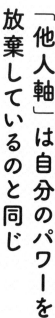

彼女は人のアドバイスを聞いたことで、時間もお金も子どもを生むチャンスも失ってしまった、とすごく怒っていた。

彼女はだいぶ興奮してる様子だったので、「ちょっと待ってて」と断って、お茶をいれにキッチンに入った。

すると、突然頭の中にメッセージのダウンロードが始まった。

脳裏に文字がいくつも浮かぶのが見えて、そこからシャライーの声が聞こえてきた。

君もわかっていると思うけど、**他人のアドバイスを受け取るのも受け取らないのも自分次第で、「自分の選択」**なんだ。

人のせいでも周りのせいでもない。これが「自分軸」の考え方だ。

逆に「他人軸」な考え方は、自分のパワーを周囲に明け渡してしまう。

自分のパワーを他人に託してしまうせいで、自分の願いからかえって遠ざかるような経験をすることになるんだ。

すると、思い通りに進まないことを周囲に責任転嫁して、自分を「被害

者」にしてしまう。

こんなふうに、自分の選択に責任をもたないのが「他人軸」の考え方だ。

「他人軸」になると、いつも自分以外の何かが悪い、と思って、何もかも非難するようになる。

自分が持つパワーとは、「体験したいことを自分で選ぶことができるパワー」、つまり「自分のリアリティを自分で創るパワー」のことなんだ。

自分のリアリティを創るには「自分軸」じゃないとできない。

「自分が体験したいリアリティ」を選ぶには、軸を自分のハートに置いて、選んでいく必要があるからなんだ。

ラジオの周波数の話にもあったように、「願いを手に入れた自分」に周波数を合わせるには、自分のハートのダイヤルを合わせる必要がある。

「他人軸」の考え方だと、誰かのせいで自分はこんな目に遭わされて、社会のせいで自分はこんな状況にさせられている、親が悪い、夫が悪い、学校が政治が、という具合に、自分の思いを他に投影して文句の上に文句を重ねるようになる。

なぜなら、「他人軸」は、出口がないらせん階段をひたすら下降するのみになるからだ。そして、「他人軸」で否定的な人ほど、自分自身を否定して受け入れない。

自分に自信がないから、さかんに周りの人にアドバイスを求めるようになるんだ。でも、「他人軸」で考えている人だって、自分の人生がうまく運んでいないことくらいは、ちゃんと理解できているはずだ。


シャライーに言われた通り、女性に「自分軸」と「他人軸」の考え方のちがいを伝えた。けれども、彼女は相変わらず、「私の状況をどうにかして！　バシャールやエイブラハムの講演会に行っているあなたなら、簡単に解決する方法を知っているはずでしょう？　私に魔法をかけて悪いエネルギーを吹き飛ばして！」と言う。

「あのね、奥さん。『他人軸』では望みを手に入れることは難しいです。

それとね、私があなたの置かれた状況を変えてあげることはできません。

あなた以外に状況を変えることはできないのですよ」

「あら！　でも、願いは叶えられるって、バシャールだってエイブラハムだって言ってるじゃない」

「自分の願いは、〝自分で〟叶えることができるということなんです。

誰かに叶えてもらうことはできません。よろしければ、ポジティブに『自分軸』で考えられるよう練習してみましょう」

そう言うと、彼女はガッカリした表情で、「もういいわ」と帰ってしまった。

「こうじゃないとダメ」は可能性の扉を閉じる

その日の夜、風呂に浸りながら今日あったことをぼんやり思い出していた。

「全然彼女の心に響いてなかったな……」

すると、シャライーの声がどこからともなく聞こえてきた。

お風呂に浸かっているときやシャワーを浴びているときは、とくに彼らとつながりやすいみたいだ。

お疲れ！　まぁ、なかなか「他人軸」を手放すのは、難しいもんだよな。

「自分軸」は自分のハートに軸を置いて考えるから、進化と発展の流れに乗っかれる。つまり、自動的にポジティブな考え方になれるんだ。

でも、「他人軸」はその反対で、軸を自分以外の場所に置いて考える。だから、自分のハートがお留守になってしまっているんだよ。恐れや不安から自分を直視することができないからね。

もしも本当の自分を見つめたら、かわいそうな自分がザックザック出てきてしまうと信じているからなんだ。

さらに、**「他人軸」な考え方になると、「こうじゃないとダメ」が多くなってくる。さっきも言ったように、なんでもかんでも非難するようになるから、結果的に可能性の扉を閉めてしまい、出口も入り口も自分でふさいでしまう**ようになるんだ。


たとえば、洪水で家の屋根に登って助けを待っている男がいるとしよう。

「神様、お願いします。助けを呼んでください」と叫んでいる。

しばらくすると、水の中をゆっくり歩く馬がやってきた。

さらに、木の板がたくさん流れてきた。でも、彼はひたすら「神様、お願いします。誰か助けを呼んでください」と言う。

そのうち水量が増して彼は逃げ遅れてしまった。

天国に行った彼が神様に向かって、「なぜ助けてくれなかったんですか」と文句を言うと、神様は「**助け舟を出したのに、どれも受け取らなかったのは君じゃないか**」と答えた。

つまり、この男は「他人軸」の「こうじゃないとダメ」で可能性の扉を全部閉めてしまい、チャンスを自分で握りつぶしてしまったんだ。

もし彼が「自分軸」だったなら、ハートに軸があるから、助け舟をちゃんと受け取ることができただろう。

「自分軸」と「他人軸」とでは結果が全然変わってくる。だからこそ、「他人軸」的な考え方を「自分軸」に変えていく必要がある。

「自分軸」は可能性を自分の力で獲得することができるんだ。

それと、「他人軸」な人ほど非難と文句が多くなるのは、さっき言った通りで、責任転嫁する考え方だから周囲に対する文句が絶えなくなる。

自分は文句が多いなと自覚がある人は、ちょっと立ちどまって、「すべて自分で選択している」ことを認識するクセをつけるといい。

誰かに言われて行動するのは自分のハートが追いついてない、お留守の状態だ。そういう状態で物事がうまく運ぶためしはないからね。

もし「自分軸」を選択した場合、物事が思ったようにうまく運ばなかったとしても、文句は出ない。

だって、自分のハートが共鳴したことをやりきっているからなのさ。

心の底から楽しもう！

プレゼンがうまくいくか心配…

「プレッシャーだなぁ……」

明日は朝から会議で、大勢の前でプレゼンする日だった。

ずっと前から準備をしてきたけれど、人前で話すとなると、とたんに頭がまっしろになる。

あちらのクライアントのおエラいさんたちも勢ぞろいだし、うちのおエラいさんたちもたくさんやってくる。

「うわぁ、考えるだけでも押しつぶされそうだ……」

気持ちを切り替えようと思い、いつも出かける森に足を運んだ。

その日は心地よい天気で、雲ひとつない美しい青空が木々の間からのぞいていた。

そのとき、なんとなくアイシスのことを思い出した。

「そういえば、アイシスと最近話してないなぁ」


ふと、いつも行かない森の左側のほうに寄り道してみたくなった。

もしかしたらアイシスが呼んでいるかもしれない。直感的にそんなふうに感じていた。森の中のいつも足を踏み入れないほうに進むと、そこには短い草が一面に広がった原っぱがあった。

とても幻想的で、妖精が住んでいそうな雰囲気がある。

そのとき、バサッとどでかい白フクロウがどこからともなく飛んできて、目の前の大きな木に止まった。

「うわっ」

夜行性のフクロウを真っ昼間に見ることはすごくめずらしい。

まして、こんなに大きな白フクロウはテレビでも見たことがなかった。「アイシス

かい？　君は何を伝えたいんだい？」

そう心の中でつぶやいた。すると、頭の中で声が聞こえた。

「自分がどう感じるかにフォーカスしなさい」

アイシスからのメッセージはこれだけだった。

家に戻って、アイシスのメッセージの意味を考えていた。

自分にフォーカスするとどうなるんだろう？

胸の位置に手を当てて、心臓の鼓動にフォーカスしてみると、自分に集中するから周りが全然気にならなくなるのがわかる。

だとすると、自分のハートに意識を集中していさえすれば、周囲のことなんて気にならなくなるってことなんだろうか？

そのとき、アイシスが伝えたかったことが、じんわりわかってきた。

自分らしいありのままの自分でいるとき、あの人やこの人の目線が全然気にならなくなる。「自分」という器にありのままの自分が１００％つまっていて、相手の意見

が入ってくる隙間がないからだ。

逆に相手がどう思っているのか、自分はどう見られているかが気になり始めたらどんどんドツボにハマっていく。それは、ありのままの自分じゃないエネルギーが「自分」という器を満たしてしまうからだ。すると、「他人軸」になって、自分をジャッジしてしまうんだ。

ハートにフォーカスすれば、すべてうまくいく！

次の日のプレゼンは、自分にとって大きな転機となった。

アイシスのアドバイス通り、自分のハートにフォーカスしているから、自信と熱意を相手側にまっすぐ届けることができた。気持ちが入ったプレゼンができたと思う。

おまけに、話を展開する中で、人の意見や自分の中で湧いてきた新しいアイデアを盛り込みながら話を進めていくことができた。

確信的にプレゼンがおもしろいとはじめて思えた瞬間だった。

人の評価は必要ないし、関係ない。それよりも、**自分が自分をどう評価するかが鍵**

になっていることが今回のことでよく理解できた。

自分自身との関係性が良好なら、周囲の目なんてどうでもよくなる。楽しんでできたなら、結果なんて気にならない。

いつもだったらみんなの感想を聞きたくなるところだけど、今日の自分は満足感と達成感でいっぱいだった。

こんなに心地いい感覚に浸れたことは、今まで一度もなかったかもしれない。

なかば鼻歌を歌いながら帰り支度をしていると、先ほど出ていったクライアント側の女性が会議室に戻ってきた。

「あなたのプレゼン、気持ちが伝わってきてとても良かったわ」

このひとことが急に言いたくなって、会議室に戻ってきたと言う。

彼女が持っていたマグカップには、フクロウの絵がプリントされていた。

「ありがとうございます！　ところでそのマグカップ、ユニークでステキですね」

「ありがとう。ローカルのアーティストの手描きなの。お店の名前が、たしかプレアデス・エデンよ」

アイシスの粋なはからいだ。

誰かが言ってたけど、**エデン（楽園）は空の上にあるわけでも、どこか特別な場所にあるわけでもない。エデンは自分のハートにあるんだ**そうだ。

たしかにハートにフォーカスしていたら、すべてが順調で心地よくなる。

ここ（ハート）が本当の自分の居場所なんだ、そうアイシスが教えてくれたんだ。

波動を上げる！
宇宙人から地球人へのメッセージ②

「他人にどう思われるか」ではなく、
「自分がどう感じているか」に
フォーカスしよう。
「自分軸」で生きれば、
人生は自動的にうまくいく！

第 3 章

これからの時代の「幸せの方程式」

「ありのままの自分」でいさえすればいい

「いい人」にしているのに、どうして好かれないの？

シアトルの夏はカラッとして気持ちがいい。心地よい季節があるから、長い冬もガマンできる。この日はとなりの州から来客がある日だった。

そよ風が気持ちのいい日だったので、ベランダで話を聞くことにした。

来客した女性は30代半ばのおとなしそうな女性だった。

私が「毎日更新バシャールブログ」の筆者だとどこからか聞きつけて、悩みごとの相談をしたい、と訪ねてきたのだ。

彼女は少しさみしげな様子で、話を聞くと、今まで一度も心から友だちと呼べる人

がいたことがないと言う。

パートナーもいないし、誰のために生きているかわからない、誰かと仲よくなれるよう努力してきたけれど、心の底で通じ合うような人には出会えていない……。

彼女は人の悩みごとを聞いたり、世話焼きを買って出たりしたこともあったけど、だからといってとりわけ仲よくなるわけではないようだ。

「自分なりにいい人にしていたつもりだけど、誰も私に興味がなさそうだし、私自身も正直他人にあまり関心がないというか……。私に何か問題があるのでしょうか」

彼女の周りに重たい空気を感じる。

すると、突然、頭の中に何かの存在が話しかけてきた。


イライラしている人も怒っている人も、ほしいものを手に入れたいのに手に入らないから、心に怒りを持っている。報われない悲しみを抱えてうつになる人も、同じように心に怒りを持っているんだ。

たまに駅のホームで、キレてどなってる人がいるだろう？

周りにいる人たちは、なるべくかかわりたくないから、スッと離れてくし、たとえどんなに混んでいても、その人の周りに空間ができる。

誰も相手にしたくないし、触りたくない。ネガティブなエネルギーって、まさにそういうことなんだ。キレてる本人はほしいものが手に入らなくて怒っている。

ちょっとした優しさがほしかっただけなのに、期待した対応を得られなかったとか、乗れると思っていた電車に乗れなくて、怒っているのかもしれない。

いずれにせよ、自分の願いが手に入らなかったことで怒ってる。

でも、怒っていても願いが叶うことはないんだ。

周囲の人たちが避けていくみたいに、望みも避けていってしまうのさ。

でも、「ありのままの自分」でいれば、誰もほうっておくことはない。

望みも近づいてくるんだ！

勘違いされやすい人の特徴

そのとき、家の中で電話が鳴っているのが聞こえた。

「……あ、ちょっとお待ちください」

急いで子機を取った。だけど切れてしまった。

そのとき、子機の画面に「**???**」が出ているのが見えた。

「はて？　こんな表示は今まで見たことないぞ？」

すると、かすかな記憶がよみがえった。

「あ！　そういえば、昨晩『？』マークのついた強烈なTシャツを着た宇宙人がやってきて、『分離する自分』と『統合する自分』について話してくれたんだっけ」


「分離する自分」は心と行動がチグハグになっていて、人やシチュエーションによって自分を変えてしまう。つまり、いろいろな顔を持っている。

たとえば、ふだんは誰に対しても笑顔で接するけれど、嫌いな人には冷たかったり、無視したりする。すると、自分のバイブレーションが分離するから、あっちの自分とこっちの自分がチグハグになって誤解を招いたり、勘違いされたりすることが多くなる。

一方、「統合する自分」は、どこを切っても「ありのままの自分」だから勘違いされることもないし、ナゾめいた部分がないから、とっつきやすい。

つまり、付き合いやすくなるんだ。


彼女の話を聞いていると、自分自身をまったく受け入れていない様子がわかった。自分を認めていないから、話す内容も話し方にも個性があまり感じられない。ハートが感じづらく、無味乾燥な感じだ。

「本当の自分」にフタをしてしまって、彼女のよさがうまく周りに通じていかないようだった。

「ふむ、これがあの宇宙人の言っていた『分離する自分』ってことか」

すると、ふと「**散歩**」という文字が頭に浮かんだ。きっと宇宙人が散歩に行けって言ってるんだな。

「少し外を散歩しましょう」

「他人が怖い人」は自分のことが怖い

私たちは外の空気を吸いに近くの森を歩いた。

そよ風が心地いい。しばらく森の中を歩いてとりとめのない話をしていると、突然、目の前に丸々太ったシマリスが現れた。

ほっぺに何かがつまっているようだ。シマリスを見た彼女の目がとたんにゆるんで、やさしく微笑んでいる。彼女はカバンからゴソゴソ何かを出してしゃがみこんだ。その手のひらには小さなクッキーのかけらが載っている。デブっちょのシマリスは、ちょっと躊躇《ちゅうちょ》しながらもジリジリと寄ってきて、パクッとクッキーを口にくわえて逃げていった。

「かわいい〜！」

そう言った彼女の表情は、とても生き生きしていた。

「動物が好きなんですね」

「はい！　動物は人間よりも素直でわかりやすいから」

彼女は人がなんとなく怖いと言う。

ワシントン州は土地柄、割とシャイな人が多いけど、それでも気軽に話しかけてくる人は多い。彼女は知らない人に話しかけられると、とっさに「私に何か要求しようとしているのかも！」と思って、警戒してしまうらしい。

もっとドシンとかまえていても大丈夫なのに、どうしても守り態勢になってしまうみたいだ。そのとき、またあの宇宙人の声が聞こえた。


彼女は人が怖いと言っているけれど、実際は「自分のこと」が怖いんだ。「内側の自分」を「外側の誰か」に投影して、「自分自身」を見ているにすぎない。


なぜ自分が怖いのかというと、「本当の自分」を知らないからなんだ。

セルフイメージが低くて、「自分はこの程度の人間だ」という自己否定の思い込みがある。

つまり、自分自身に対するネガティブな思い込みで、自分をとんでもない人間にしたてあげてしまっているんだ。

「私は愛を受け取る資格がない」

彼女が帰ったあと、コーヒーを飲んでゆっくりしていたら、無性に眠くなってきた。

頭の奥で誰かがノックしている感じだ。こういうときは決まって、「メッセージ」がやってくる。

「ちょっと昼寝しようっと」

明晰夢の中で目が覚めると、そこは小型セスナ機のコクピットで操縦桿を握る自分がいた。目下には小さな家がパラパラと見える。

空を見上げると、そこには白線が引いてあって、その先は星とつながっていた。

どうやらその線をたどって飛んでいるようだ。

「こちら宇宙人、そのまま進んでください」

私は言われた通り、白線が示す方向にセスナを飛ばして、目的地へと向かった。

そこは太陽のように大きな星が、真上に見える丘だった。

丘のてっぺんに、小さな人影のようなものが見える。

シリウスくん　やあ、こんにちは！

ネブラ　あ、ハテナ星人、ごきげんよう！

シリウスくん　ごきげんよう。ハテナ星人でもいいけどさ、僕はシリウス人なんだから、「シリウスくん」とでも呼んでよ。

僕たちシリウス人は、ずっと君たちにメッセージを送っていたんだ。

さっきの彼女にもメッセージを送っていたんだけど、ぜんぜん気がついてくれない。だから、メッセージを彼女に伝えておくれ。

シリウスくんが言うには、自分を愛していない人に高次元からメッセージを送っても、届かない（気づいてもらえない）らしい。

彼女の場合、「自分は愛を受け取る資格がない」と思い込んでしまっているから、

「友だちができない」という状況も自分で選んでいるという。

「自己否定感」を消す方法とは？

シリウスくん　昨日、「分離する自分」と「統合する自分」の話をしただろう？

「統合した自分」は隠れたエネルギーがない、〝そのままの自分〟なんだ。すると、人が自然に寄ってきて、人気者になるのさ。

彼女の場合、過去世に引っ張られている傾向もあるんだけど、小さいころから「自分は存在しちゃいけない」って思い込んでいるところがあって、その気持ちのまま大人になっている。

彼女に伝えたいことは、「**ワクワクを追いかけて生きなさい**」ってことなんだ。

彼女がここに生まれる前、魂の段階のときに、「困ったら助っ人をよこす」と約束していたんだけれど、彼女ったらハートをがっちり閉じてしまっているもんだから、僕たちからのメッセージがまるで届かなくて、

困っていたんだよ。

ネブラ 「ワクワクを追かける」のと「自己否定感」はどう関係しているの？

シリウスくん 君たちは、もともと「ダイヤモンド」みたいに混じりっけのない、ピュアな存在なんだ。でも、いろいろな物質を背負い込んで、その輝きが鈍ってしまっている。彼女のように、ダイヤモンドが別の物質になっちゃうくらい、背負い込んでいる人もいるんだ。

「ワクワク」は、エネルギーの世界で言うダイヤモンドだ。

自分のエネルギー以外の不純物は、いっさいふくんでいない。

自己否定のエネルギーは、ダイヤモンドをくもらせる不純物の塊だ。

このエネルギーは、「ありのままの自分」に不要なエネルギーなんだ。

フォーカスしなければ、大きく成長できない。

つまり、「自己否定的な考え」からフォーカスを外すだけで、もとのダイヤモンドの自分に戻れるってわけなんだ。

小さなワクワクから始めよう

ネブラ　「ワクワク」ってどうやって見つけるんだい？

シリウスくん　フィーリングが鍵だよ。心地よいフィーリング、心が踊る感覚、心が共鳴することがそうだ。だから、最初は小さなワクワクから始めるんだ。

たとえば、本を読むのとお風呂に浸かるのでは、どっちがワクワクするかな？

あ、お風呂のほうがワクワクするからこっちを選ぼうという具合だ。

これをくりかえすのさ。**常に自分の心が喜ぶ選択をしていくと、もっと大きなワクワクが運ばれてくるようになる。**

君たちはね、**一度にひとつのエネルギーしかフォーカスできない**ようになっている。

つまり、「**ポジティブなワクワク**」**にフォーカスしていると、ネガティ**

ブなエネルギーから自然とフォーカスが外れる。

ネガティブからフォーカスが外れているから、ネガティブな思いは成長できない、大きくなれないのさ。

大きくなれないから、しまいにそのエネルギーが薄くなっていくんだ。

厳密に言うと、バイブレーションが上がって、ネガティブな思いにアクセスができなくなるのさ。

ワクワクを追いかけるとは、まさにダイヤモンドの自分になることを示している。みんなも知っての通り、ダイヤモンドを嫌う人なんていないからね！

後日、彼女にシリウスくんから聞いたことを伝えてみた。

すると彼女は急に目が覚めたような顔になって、にっこり笑った。

「そういうことだったのね！　ああ、たしかに私は自分のことを見るのが怖かったような気がするわ。だって、ちっともいい部分がない気がしていたんだもの。

でも、よく考えてみたら、動物のことも好きで大切にしているし、道を聞かれたときは丁寧に答えるし、優しい気持ちを持っている気がする。これから小さなワクワクを探してみるわ！」

彼女は「ワクワク」を理解できたようで、彼女の周りにあった重たい空気もすっかりなくなり、表情も見違えるように柔らかくなった。

彼女はバシャールの手放しの5つのステップのうちの3番目、**「過去の自分を断ち切る」**を見事にクリアしたようだ。

足取り軽く、帰っていく彼女の姿を見て、これからの輝くような未来が見えた気がした。

「ホンモノのワクワク」と「ニセモノのワクワク」

他人の失敗を喜ぶのは、不安と恐怖が原因

それからしばらく経って、年末の明晰夢でシリウスくんと再会した。

この日の再会場所は自宅の屋根の上だった。屋根にこんなにコケが生えていたとは知らなかった。

ネブラ　ところでシリウスくん、なんで「?」マークのTシャツを着ているんだっけ？　理由があったと思ったんだけど、思い出せないんだよね。

シリウスくん　覚えてないのかい？　君が質問を忘れちゃうからだよ。

明晰夢の世界はバイブレーションが高くて、質問や問題にアクセスできなくなっちゃうからね。で、今日の質問はなんだい？

ネブラ　えっと……そうそう！「ワクワク」について少し教えてほしいんだ。昨日のバシャールのイベントで聞いたんだけど、ワクワクには2種類あるって言ってたから。「ホンモノのワクワク」と「ニセモノのワクワク」と……。

シリウスくん　物事には必ず2つの意味が存在している。ちょうど、コインには裏と表があるようにね。

たとえば、嫌いな人が受験で失敗したりすると、それを喜んでワクワクする人っているだろう？　これはワクワクじゃない。これは不安や恐怖のエネルギーをワクワクだと勘違いしているだけだ。

　エネルギーの種類が根本的にちがうのさ。

　そのちがいがわかるようになるには、「自分軸」がポイントになる。

「自分軸」でウソのない自分になって、本当の気持ち、本当の動機を内観するんだ。エネルギーのちがいが明確にわかるようになるよ。

勝たないとダメ、と決めつけていませんか？

ネブラ　ふーむ。たとえば、スポーツで宿敵が負けるとうれしいっていうのも、ワクワクじゃないってことかい？

シリウスくん　その通りだ。じゃあ、こう考えてみて。勝たれると困るのはどうして？
どうして負けてくれると助かるのかな？

ネブラ　それは相手が脅威になる可能性があるからさ……あっ！　これか！

シリウスくん　そう。「不安」と「恐怖」が、きっかけになっているんだ。
これはワクワクじゃないんだ。でも、別に勝ち負けが悪いと言っているんではなくてね。勝たないとダメ、負けないとダメ、って断定して決めつけちゃうところに不安と恐怖があるんだよ。

明晰夢から覚めたとき、外が何やら騒がしい雰囲気でいっぱいだった。

アメリカの大統領選で、みんなが沸いているらしい。

個人的には誰が大統領だっていいじゃないかって思っていたけど、私の住む地域はリベラル派がほとんどで、バイデンが勝ったことに歓喜していた。

というか、トランプが負けたことに喜んでいる雰囲気があった。

「これも実際にはワクワクじゃないってことなのか……」

どん底に落ちた人ほどうまくいく理由

「浮上する」以外のチョイスがなくなる

先日、新型コロナウイルスの影響で職を失ってしまった友人から電話をもらった。

失業手当をもらっているけど、これから先が心配だと嘆いていた。

家のローンも車のローンもまだ残っているし、子どもの学費や保険の支払いもあって生活ができない。彼女は朝から晩までバイトをいくつもかけ持ちしていて、家に戻れば家事に追われて休む暇がないらしい。

「お金も時間も足りなくて……」

彼女はやり場のない不満をもらしていた。

そのとき、別の友人が言っていたことをふと思い出した。

ファイナンシャル・カウンセラーの彼は、何十年もずっとお金や経済についてのカウンセリングをしている。

その彼が、いつも不思議に思うことがある、と言ってシェアしてくれた話があった。

とことんどん底に落ちた人には、不思議なことに、なぜか必ず浮上するチャンスがやってくる。お金が底をついて、家も何もかも失っても、それを一気に挽回するような機会が舞い込んできて、今まで以上に豊かな暮らしができるようになる人が多いらしい。


「ねぇ、シリウスくん。何もかもがどん底になる体験をしてから一気に浮上する人が多いのはなぜなんだろう？」

最近、シリウスくんと簡単につながれるようになってきていたので、呼びかけるといつの間にかシリウスくんが現れる。

シリウスくん　ブロックがなくなるからさ。守るもの、失ったら怖いと思うものが全部

なくなるからね。浮上する以外のチョイスがなくなるのさ。

でも、君たちはどん底を体験しなくたって、いつだって失うものなんてないんだけどな。君たちは、今あるものを失いたくないって守りに入るけど、実はそれこそが、大事なものを失う大きな原因になっているんだよ。

ネブラ　恐れや不安があるからだね。

シリウスくん　そう。「引き寄せの法則」ってあるだろう？

宇宙はすべて「足し算の世界」で、「引き算」はできない。「嫌いなものをなくす」ことはできない世界なんだ。

「あれが嫌い」と言ったら、〝嫌いなんですね、ではもっと嫌いなものをどうぞ〟という具合に、宇宙は君が思っているのと同じものを返す。

引き寄せの法則は、君の思いに100％マッチしたものを運んできてくれているのさ。

「豊かな感覚」が「豊かさ」を引き寄せる

ネブラ

じゃあ、たとえばさ、どうやったらお金が入ってくるようになるの？

お金がないのに、お金があるようなフリをするのは無理があるよ。

シリウスくん

お金持ちになった気分でお金をじゃんじゃん使いなさい、と言っているわけではないんだ。

お金があって豊かな暮らしをしている、その豊かさの感覚を持っていることが大切なのさ。貧乏でその日暮らしの感覚を持っているままだったら、宇宙はその感覚を返してくるからね。発信元の君が変わる必要があるんだ。たとえば、高級品を扱うサイトで、「買い物かご」にいっぱい気にいった物を入れて、買った気分になるのもいい。

ほかには、１万円札をポケットに入れて、それを使うイメージでウインドーショッピングに出かけるのもいいよね。つまり、気分だけでもリッチになって、豊かさを味わうのさ。

君たちの脳はイメージすることと現実で起こることの区別がつかない。

だから、鮮明に豊かさを感じれば感じるほど、引き寄せる勢いが強くなってくる。

宇宙は君たちの心の動きを読んで、同じ思いになることを返してくれている。どんなに言葉巧みにお願いをしても、気持ちが貧乏のままだったらダメなのさ。

ネブラ　ずいぶんシンプルなんだな。

シリウスくん　そうだよ。**気持ちのブロックがないほど、実現するのは簡単でスムーズ**なんだ。ブロックが大きいから実現が難しくなってしまうだけの話さ。

君たちの世界でとくに気持ちのブロックが大きくなりがちなのは、お金や健康や恋愛だ。コントロールしたいと思う気持ちが強いからね。

逆になんとも思っていないことを引き寄せるのは、わりと簡単にできる。ブロックがないからなんだ。

さてここでクイズ。ほしいものをほしいと強く願うのと、身がまえない自分でいるのと、どちらが物質化させるエネルギーが強いと思う？

ネブラ　気分的には強く願うほうがエネルギーが強い感じがするけど……。

シリウスくん　ブーッ！　ちがいます。

オープンになっているほうがエネルギーが圧倒的に強いんだよ。

執着すると物質化するエネルギーにブレーキをかけてしまう。

物質化する勢いを大幅にけずってしまうことになるんだよ。

だから、**ほしいと強く願えば願うほど、実現から遠のいてしまう**のさ。

君たちがほしいと願った瞬間に、エネルギーの世界に望んだものが創られる。**ブロックさえなければすぐに引き寄せることができる**んだ。

でも、「これがないとダメだ！」「こうじゃなきゃいけない！」というコントロールしたい気持ちが強いと、とたんに物質化が遅くなる。

それは、君たちがブレーキをかけて物質化を遅らせてしまうからなんだ。

お金はエネルギー

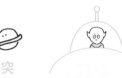

突然手に入った300ドルの小切手

ワシントン州の秋は本当に美しい。1年を通して一番好きな季節だ。秋が深まる頃、木々の葉っぱが鮮やかな黄色と赤色に変わるので、まるで何かをお祝いしているみたいだ。

そんな紅葉が深まる頃に、友人と森へハイキングに出かけることになった。この日は少し風があったけど、一点のくもりもない青空の日だった。

こちらでは、秋晴れのことを「インディアン・サマー」と呼ぶ。

紅葉のまっただなかの森の中を歩くのは、なんとも幻想的だ。

葉っぱが黄金に光って風で舞い上がっている。すると友人が、「まるで黄金の紙吹雪が舞ってるみたいだね」と言う。

「もしもこの葉っぱが本物の黄金の紙切れだったら、君はどうする？」

「全部かき集めるに決まってるじゃないか」と友人が即答した。

私たちは黄金色に染まる葉っぱの上に腰を下ろし、まるで本物のゴールドを手にしているように、何枚かの葉っぱをそっと手にとった。

「本当にきれいに光ってる。何かご利益がありそうだよ」

私は数枚の黄金に光る葉っぱを、家に持ち帰ることにした。

家に戻ってから、持ち帰った数枚の黄金の葉っぱを、何か深い意図があったわけでもなく、財布の上に乗せておいた。

すると数日後、不思議なシンクロが起こった。郵便で小切手が送られてきたのだ。

「うわ！　３００ドルの小切手だ。昔使っていた車の保険会社からだ」

おそらく、新しい保険会社に変えたときに払い戻しがあったんだけど、それが手違いで払い戻しされていなかったらしい。

でも、払い戻しを受け取った記憶があったので、実際のところ「なぜお金がやってきたんだろう」という感じだ。

「お金は特別」という意識をリセット！

「やぁ！　僕を呼んだかい？」

シリウスくんだ！

シリウスくん　君のところに3００ドルの小切手がやってきたのは偶然じゃないよ。君と友人が話してたとき、一瞬、葉っぱが本物のゴールドに見えただろう？　つまり、本物の黄金の紙が舞っていると、一瞬だけでも信じることができたんだ。

お金はエネルギーなんだ。豊かさもエネルギーで、君たちの思考も思いも机も何もかもが同じエネルギーでできているのさ。

だから、お金が特別で葉っぱが特別じゃないっていうのは、君たちの思考（エネルギー）がそうさせちゃっているだけなんだ。

それとね、エネルギーは流れやすいところに流れていく性質がある。水の性質みたいにね。だから、ブロックのある、急な坂道を逆流してくるなんてことはなかなか難しいんだよ。

ネブラ　じゃあ、お金がやってきやすくするにはどうすりゃいいんだい？

シリウスくん　まず、君たちにとってお金は特別な思いがあるから、その思いをリセットする必要がある。

よく考えてみて。お金はただの紙切れだ。コインはただの金属の塊。これだけ見ていたって何の特別感もないはずだよ。

でも、君たちはこれらを特別視しているから、気持ちのブロックを大きくしちゃっているのさ。

さっきも言ったけど、お金はエネルギーだ。エネルギーは流れやすいところに流れる性質があるのさ。たとえば、君は一瞬でも黄金色の葉っぱを価値ある紙幣のように思っただろう？

そこには**なんのブロックもない、ただ純粋にお金のエネルギーを葉っぱにすり替えて受け取っていた**んだ。

「仮想の10万円」を財布に入れる

ネブラ　葉っぱが引き寄せられてくるのではなく、お金が引き寄せられてきたのは、あの一瞬の思いがあったからなんだね。

シリウスくん　その通りだ。お金はもともと感謝の意を表すひとつのツールだったんだ。感謝の物質化がお金だったのさ。

そして、さっきの君は美しい黄金色の葉っぱを美しいお金に見立てていた瞬間、感謝の気持ちでいたのさ。

でも、最近の君たちはお金をサバイバルのツールにしちゃってる。

お金がないと生きていけないって考えている。

これでは、エネルギーの流れを悪くしちゃうだけなんだよ。

さっきも言ったけど、エネルギーは水の性質みたいにブロックがあるところを避けて通るからね。

ネブラ　お金に対する思いを感謝に戻してあげるんだね。でも、それだけでは足りない気がするなぁ。

シリウスくん　君たちは物事を難しくする傾向があるから、手応えがあるほうがいいんだね。よし、わかった。次のワークをするといいよ。

自分宛に「10万円」と書いた小切手のようなメモをつくって、これをいつも財布に入れておく。そして、ネットショッピングでもいいし、ウインドーショッピングでもかまわないから、イメージで10万円を使うんだ。

次の日は10万円増やして20万円、また次の日はさらに10万円増やして

30万円。これを毎日続けると、1年後には3650万円使える小切手のイメージになる。

日に日に買える規模が増えるし、お金に対する思いが軽やかになってくるはずだ。別に1年間毎日続ける必要はないけど、お金に対する思いを軽やかにしてエネルギーの流れをよくしてあげるんだ。

金額がただの数字に見えるようになったら、豪華旅行がやってきた！

さっそくシリウスくんに教えてもらったワークをやってみることにした。

イメージだけでも、高級品サイトのネットショッピングは緊張するな。

でもしばらく続けていると、金額がただの数字に見えてくるようになった。慣れってすごい。

以前のように気持ちがこわばることはなくなってきていた。

すると、ある日の夕方、警察官をしている友人から久しぶりに連絡が入った。

なんと、宝くじで大金が当たったから、旅行へ行かないかという誘いの電話だった。

彼のおごりで、ラスベガス旅行をプレゼントしてもらったのだ。

飛行機代、ペントハウス、レンタカーや食事代、華やかなショー……友人8名で3日間のラスベガスの旅、一体いくらかかったのかわからない。

おまけに現地でやったスロットマシーンで小金も手に入れて、もうびっくりしっぱなしの体験になった。

「いいな」と思う気持ちはホンモノ

「自分が変わることで世界が変わる」


ほしいものを強く願っちゃいけないなんて、かなり難しいよな。

宇宙がちゃんと自分の願いを聞き入れているかわからないから、むしろ「私は必ず手に入れる！　どうか叶いますように！」って念仏のように唱えたくなってしまう。

私の今一番の関心ごとは森林の伐採で、「これ以上、木をムダに切らないでほしいな……」と心から願っていた。

近所の森がどんどん切り開かれて、コヨーテや鹿の居場所が年々消えている。

しかも、木が少なくなってしまった影響で、ちょっとの風でも木々がしなって倒れ

てしまう有様だ。

「動物たちもはた迷惑だろうな……」

「なんとか伐採を止める手段はないのかな」と思いながら、週に1回の買い出しのため、車を走らせた。

鉄橋をくぐったすぐ横にスーパーがあるのだけど、祝日間際で鉄橋の手前まで車が渋滞していた。ちょうど鉄橋の真下に止まったとき、壁のカラフルな落書きと文字に目が留まった。


「**Be the change that you wish to see in the world**」


これはたしか、ガンジーの有名な言葉だったはずだ。

「**自分が変わることで世界が変わる**」という意味だ。

「今の世界にヤキモキしているだけじゃなくて、自分の望む世界に合った自分になりましょう」と言われている。そう直感的に感じた。

そして、翌日のバシャールのイベントで、ダイレクトに答えがやってきていることを確信した。

なぜなら、バシャールが「植林をしましょう」と言ったからだ。

厳密にはダリル・アンカのバシャール以外のもうひとりの未来生、「ウィラ」からの伝言だった。

ウィラは７００年先の未来の平行世界の地球に住む、人間と宇宙人のハイブリッド種の存在だ。ときどきバシャールのイベントにやってきて、必要な知恵を教えてくれている。

ウィラが言うには、こういうことだ。

私たちは自然そのもので、自然とかけ離れて生きることはできない。

植林をすることで、本来ある自分の姿、ナチュラルな自分に戻ることができるし、ガイア（地球）のエネルギーにまっすぐつながることができるようになる。

木々は地球のアンテナだ。

その中で生きることで、私たち人間も地球のアンテナとして働くようになるんだそうだ。


ウィラが**「自分のハートが『いいな』と思うことがその人の答えだ」**と言っていた。

人はそれぞれ、感じかたも捉えかたも答えもちがう。

だから、自分のハートの声に耳を傾けて答えをつかむことが大切なんだ。なぜなら、「いいな」は「ありのままの自分の気持ち」だから。

「いいな」という気持ちを選ぶことは、どんなことを選ぶよりも一番簡単な選択になる。だって、「ありのままの自分」の選択だからね。

すべての人間関係は「本当の自分」を知るためにある

嫌な相手はかっこうの「レッスン」

春先の心地よい日、森を散歩中にある知り合いから連絡が入った。50代の家庭内別居中の女性からだ。

彼女は夫との結婚に後悔し、出会ったこと自体が間違いだったと言った。

もっと前に気がついていれば、人生を立て直せていたはずだと言って怒っている。

「あの人に会ってなかったら、今ごろ私はもっと幸せでいたはずだわ」

かなりご立腹な様子だ。

彼女の怒りがどんどん加速していくので、話をそろそろ切り上げたいなと思っていたそのとき、目の前に夫婦らしき2頭の鹿が現れた。

優美に私の目の前を歩いている。

私はとっさに電話を切って、その神秘的な姿に見惚れてしまっていた。

のちに、アイシスが夫婦の鹿を寄こしたことがわかった。


アイシス　グチはなんにもならないの。ネガティブの勢いをつけてしまうだけなの。

鹿ってね、コヨーテに追いかけられて身の危険を感じても、だいたい15分くらいで〝ありのままの自分〟に戻れるのよ。あなたたちとちがってね。

あなたたちって何年も同じネガティブな思いを持ってたりするけど、グチはその場のエネルギーに停滞することになるから、気分の悪さがもっと長引くことになるの。

どんな人間関係も「本当の自分」を知るためにあるのよ。

たとえケンカばかりの関係であっても、そこに自分を知るレッスンがいっぱいつまっているの。引き合うこと自体に意味があるし、結婚もそう

だけど、職場関係も友人関係も、みんな自分を知るためにあるのよ。

だから、**どんな関係でも「ありがとう」と謙虚な気持ちでいるといい**わ。

そうすると、「ありのままの自分」から「分離した自分」を嘆くんじゃなくて、ここからどんな自分になれるかな？って考えられるようになる。

前向きに進んでいけるようになるの。

ネブラ みんなが教師という感じだね。だけど、人間関係は難しいな。相手は相手で考えていることがちがうし……。

アイシス そうね。でも、だからこそ気づきや学びが大きいの。

傷つくのが嫌だからといって、引きこもってばかりいたら、学べるレッスンがやってくることができないわ。

それよりも、**「どんとこい！」の自分でいれば、どんな人からもポジティブな体験を得られるようになる。**

それとね、ポジティブで「ありのままの自分」でいる人は、外に出るこ

とや人間関係を恐れたりしないわよ。

それよりも、どんな自分を発見できるかな？ってワクワクしている感じね。


ネブラ　そうか。わかる気がするよ。

思いきってひとりで旅行に出かけたときなんか、いつもの自分よりものすごく大胆になって、いろんなことを率先してチャレンジできる気がする。

人間関係を怖がるんじゃなくて、新たな自分を発見するために出会う。そう思ったら、また旅に出たくなった。

豊かな気持ちでいれば、「豊かさ」が自動的に運ばれてくる

自宅待機期間中も喜びを感じられる人

パンデミックの自宅待機要請が緩和されて、レストランで食事ができるようになったときに、久しぶりに友人の京美さんと食事をすることになった。

京美さんは年上のカッコいい女性で、私にとって姉さんみたいな存在だ。どんなときでも喜びを忘れない、軸がブレないすごい人だ。

行きつけの寿司屋は京美さんが来ると、職人さんたちが手を止めて、「京美さん、こんにちは！」と方々から挨拶の言葉を投げかけてくる。

私が「京美さん、寿司屋に花道ができてるじゃないですか」と言うと、京美さんは

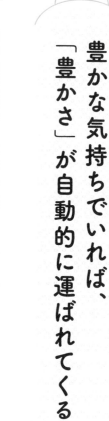

「あら、そう?」と何食わぬ感じだ。

「パンデミックの時期でも、豊かさが止まらないのよ」

そう言う京美さんの胸には、大きなダイヤがあしらわれたペンダントがキラキラ光っている。


「私はパンデミックの影響があまりなかったの。むしろ、自分の時間ができて喜びが増したし、豊かな気持ちがもっと増しているわ。この機会に感謝している」

「それって、どうしてなんでしょうか?」

「私ね、自分が豊かさを象徴している張本人だと思っているの。

だから、私は自分の時間や自分のことをとても大切にしている。

大切な自分のところにやってくるエネルギーは、すべて宝物だって捉えているわ。

いつも豊かな気持ちでいるから、豊かさが向こうから勝手にやってきてくれるの」

すると、そこに寿司屋のオーナーさんがやってきて、お酒のボトルを1本プレゼントしてくれた。

「これ、高知のお酒です。よかったら飲んでください」

注文していないお造りや料理、デザートまでもが次から次へとやってくる。

「こういうことはしょっちゅうあるの。本当にありがたいわ」

「豊かさ」は自分を愛していないと受け取れない!?

お店が閉まったあとも、寿司屋のオーナーさんも交えて大宴会になっていた。京美さんの周りに人が次々と集まってくる。

「豊かな人っていうのは、どんな状況でも豊かさを見つけることができるんだなぁ。まるで、魔法の眼鏡を持っているみたいに」

心の中でそうぽつりと言うと、

「あなただけじゃなくて、みんなも魔法の眼鏡を持っているのよ」

と、アイシスが現れた。

アイシス　「豊かさ」は自分を愛していないと受け取れないの。
たくさんの人たちが、自分は豊かさを受け取る資格がないって思い込んでいるけど、あなたの友人のように自分自身を豊かさの象徴として捉えている人は、自分をちゃんと大切にしている。

だから、豊かさを受け取ることができるの。

感謝して受け取ることができるのよ。

自分をほめるワーク

ネブラ　「自分を愛する」って、具体的にどうやるの？

アイシス　そうね。「自分を愛するワーク」を朝起きたてにやってみるといいわ。

思いのエネルギーは眠っている間に勢いが止まるのよ。

だから、起きたときにワークをするといいわ。紙と鉛筆を用意して、自分について誇りに思っていることや、いいなと思っていることを書いてみて。

一字一句思いを込めて、自分をほめてあげるの。

たとえば、私は人に寄り添って考えることができる優しい人だ、どんなに落ち込んでも立ち上がるパワーがある強い人だ、髪の毛がもじゃもじゃで切らなくても大丈夫な人だ、という具合よ。

もし書くのがめんどうだったら、頭の中で言ってみるだけでも効果はあるわ。要は、ネガティブな思いを掃除して愛で満たしてあげるのよ。

そうすると、自信が持てるようになるし、自分をもっと好きになれる。

自分を好きになるから、豊かさをもっと受け取れるようになるわ。

ネブラ　わかった。でもさ、気持ちが沈んでいるときはどうしたらいいの？

アイシス　**だからこそ朝起きたてにワークをするのがいいのよ。**

ダークな思いは眠っている間に勢いがおさまっているからね。

起きたときにその思いをまた背負いこむのか、または手放すのかをあなたが自分で決定できるのよ。

でも、どうしようもなく落ち込んでいて無理！と思うのであれば、自分

以外のことでも大丈夫よ。好きな芸能人でもいいし、ペットでもいいわね。「あの人の優しい笑顔が好き」「うちのペットは性格がいい！」なんて思えたら最高よ。そして、ポジティブな思いになってきたら、ちょっとずつ対象を自分に変えてあげればいいの。

ネブラ　それなら簡単にできそうだ。明日からやってみるよ！　いつもありがとう、アイシス！

なんだか、明日からどんなことでもうまくいきそうな気がする。
胃が破裂しそうなくらい飲み食いしたその帰路は、とてもポジティブに輝いていた。

波動を上げる！
宇宙人から地球人へのメッセージ❸

「いいな！」と思う気持ちを大切に。
感覚を磨けば磨くほど、
「ありのままの自分」を愛せるようになる

第４章

時空を超えて、悩みはすべて解決する

「未来世」からのメッセージ

自分より優れたアイデアに落ち込む…

冷たい小雨が降る日、会議に出席するため、車でシアトル市内にやってきていた。会議室の入っているビルの前には急な坂道がある。雨の中の坂道発進は、本当に恐ろしい。

ブレーキとアクセルを両方踏んで信号待ちをしていると、うしろの車がぴったり近づいてきた。

「おいおい、もっと離れていてくれよ〜」

坂道発進するときは、どうしたって車が下がってしまうんだ。

うしろの車を見てみたら、なんと、運転席で同僚のトオルがニヤニヤしている。

駐車場に着くと、「やぁ、さっきは大変そうだったね。バックミラーに映る君の真剣な顔がおもしろくてさ。ついつい、からかってみたくなったんだ」。そう言って、トオルはさわやかに笑った。トオルは男気のある豪快なやつで、誰からも人気がある。

「そういえば、新しいプロジェクトの企画はどうなったんだい？　たしか君がまとめ役だったよね？」

「それが、あんまりいい反応がなくってね」

あの豪快なトオルがしょぼくれている。やる気が起こらないし、気分が乗ってこないと言う。

「マネージャーに嫌われたかもしれないな」

めったに泣き言を言わないトオルが、めずらしく消極的になっていた。

その日の会議は、新人による企画のプレゼンがあった。

焦点がしっかり絞られていてわかりやすいし、聞きやすい。企画も申し分ない。

私のとなりに座るトオルが、私のノートに「×」を書いて、声を出さずに「俺のは全然アカン」と言った。その表情がおもしろくて笑いそうになった。

会議が終わったあと、トオルと昼飯を食べに外に出ることになった。

この辺はこじゃれた店が立ち並んでいるので、レストランはすぐに見つかる。

レストランのテーブルについて食事を待っている間に、トオルは「遊びの企画だったらいくつでも出せるんだけどな」と言って白い歯を見せて笑った。だけど、ちょっと落ち込んでいる感じだ。

自信がないときは、周りの反応も悪い理由

その日の夜、おもしろい体験があった。

目を閉じてベッドに横になっていると、右足だけが体から離れて天井に向かって引っ張られているのがわかった。

次の瞬間、左足も体からメリッと離れて天井に向かって引っ張られている。でも、目を開けると両足は布団の下にある。

そのうち、腰、胴体、頭という具合に、スルッと体から離れて上へ引っ張られてい

くのがわかった。上には白い円盤状の光が見える。
円盤状の光の中に入ると、3人の宇宙人が私の顔をのぞきこんでいた。どうやら、私は診察台に寝かされているようだ。すると誰かがやってきた。

「やぁ！　来てくれてありがとう」

シリウスくんとシャライーだ！　でも、あともうひとりが誰だかわからないぞ。
すると、シャライーがもうひとりはトオルの未来世の「オルク」だと教えてくれた。
トオルが遊びのことを考えているときは、オルクによくつながっているそうだ。
でも、仕事の企画のときは、つながりがすっかり途切れてしまうと言う。

オルク　トオルは仕事となると、とたんに「遊びモード」が消えてしまうからね。
だから、つながろうとしてもなかなかつながれなかったんだ。
もっとラクに考えて、自分が楽しめる企画を表現すればいいんだけど。

オルクが言うには、トオルの本当の思いが企画書に反映されていないことに、トオル本人はちゃんと気がついているんだそうだ。

オルク　だからね、トオル自身が「この企画書は中途半端でおもしろくないよ〜」と、みんなにメッセージを送っているようなもんなんだ。そんな企画書に誰もいい反応はできないよ。

たとえば、君が自分の車を売りたいとするだろう？

「この車は古くてガソリンをやたらと食うし、持っている価値がないから新しい車に買い替えたい」という思いでいたら、車を買ってくれる人はなかなか出てこない。

でも、「よく走ってくれるし、馬力があってお気に入りなんだ」という気持ちでいたら、車をほしいという人はすぐに見つかるのさ。

だから、自分発信のプロダクト（企画書）を自信を持って、「これがおすすめです！」と言えたら、誰もが飛びつく企画になるんだ。

「本当にやりたいこと」を見つめ直そう

ネブラ　なるほどね〜。でもさ、トオルが上司に嫌われちゃっているってのもあるかな？　おたがいのバイブレーションがちがいすぎて理解し合えないとかさ？

オルク　もちろん、トオルのバイブレーションと上司のバイブレーションがちがいすぎると理解し合えないのはたしかだよ。

入社面接も同じさ。面接官が君たちを観察して面接していると君たちは思っているけど、面接を受ける側の君たちも面接官を観察して面接しているんだ。

面接が通らないのは、職場のバイブレーションが君のバイブレーションと合っていないからだし、職場側から見たら、職場のバイブレーションに君のバイブレーションが合っていないんだ。つまりおたがい様ってこと。

だからさっきも言ったけど、「仕事だからこうじゃなくてはいけない」

は横に置いといて、もっとリラックスして自由な発想をするといいんだ。おたがいのバイブレーションのちがいを乗り越えるくらい、「ワクワクする企画」を出せばいい。

それでもダメだったらフィールドを変えるとか、いろいろちがう道がまた見えてくるからね。まずは気負わずに行動に移すこと。

それから、「自分が本当にしたいこと」をもう一度見つめ直してほしい。たとえば、トオルの場合は「みんなに新体験を提供したい」という願いを持っている。これをベースにトオルは遊びを考えている。

仕事に関しても同じさ。今まで体験したことのない、新しい体験を提供してみんなを喜ばせたい、という気持ちは何にでも当てはめて考えることができるはずだ。

だからさっきも言ったけど、「自分が本当にしたいこと」、つまりはそれをする動機をつかんでほしい。

たしかに、トオルは新しい遊びを企画して人を集めるのが得意だし、トオルが主催するといつも楽しい会になる。

ネブラ　わかった。それをトオルに伝えてみるよ。ありがとう。

オルク　それから、トオルに塩分控えろって言っておいてくれ！

ネブラ　了解！

気がつくと、ほんの10分程度しか経っていない。数時間いた感じがしていたんだけど……。私はベッドの中にいた。

翌日、さっそくトオルに電話でオルクのアドバイスを伝えた。

トオルは仕事と遊びは混同してはダメだと考えていたので、ちょっと考え込んでいるようだった。

「ありがとう、オルクの言う通り、遊びを企画する感じで次回はトライしてみるよ。でももし俺に何かあったら、君、責任とってくれよ！」

そう言ってガハハと笑ったトオルは、もとの豪快さに戻った感じだ。

「あ、それとトオル！　塩分も控えてほしいって言ってたよ」

「うわっ！　最近腎臓の数値が悪かったんだよ。オッケー。ありがとう！」

トオルと話してしばらく経ったある日の午後、新聞に記載されている広告が目に飛び込んで前のめりになってしまった。

「こ、これは、まさかのトオルの企画じゃないかっ！」

それは、観覧車の中でフルコースを食べるという、奇想天外なアイデアだった。

トオルの考えたこのアトラクションは、今では予約がとれないほどの人気になっている。

トオルは、バシャールの言う5つの手放しのうちの4番目、**「未来の自分にリンクする」**ステップを、見事に実践してみせたんだ。

望みを素早く手に入れるコツ

なくした鍵が、探さなくなったとたんに出てきた！

「あれれ？　ない、ない……」

友人が、カバンに入れたはずの車の鍵が見当たらないらしい。

ポケットを探ってもないし、カバンの中を何回見ても見当たらないと言う。

友人は地面に座って、カバンの中身を丁寧に確認している。

「メガネでしょ、お財布でしょ、メモ帳、ボールペン……、うーん、鍵がない……」

ジッパーもちゃんと閉じていたし、さっき車から出るときに鍵をカバンにしまった記憶があると言う。

私たちはひとまず目の前にあるカフェで、落ち着いて考えてみることにした。

「どこかに落としたかもしれないから、誰かに拾われていないか警察にあとで連絡してみるわ」。友人がそう言って、コーヒーの支払いのために財布をカバンから引っ張り出すと、車の鍵が一緒にくっついてきた。

「あっ！　あった！」

鍵のチェーンが財布に挟まっていて、財布と一体化していたようだ。

なくしたものって、なんで探さなくなったとたん、出てくるんだろう？

そういえば、最近こんなことがあった。

「4月1日までにコケ掃除しないと罰金です」

家の管理組合から唐突に手紙が届いた。この間の明晰夢で家の屋根にコケが生えていたのが見えたけど、管理組合からもちゃんと見えていたみたいだ。

アメリカでは、不動産の価値を守るための管理組合が設置されている。

これがまたうるさい。芝生に元気がないと、「芝生をきれいに整えてください」と手紙がくるんだ。

そのほかにも、木々をきれいにカットするよう連絡がきたり、前庭の石の色を規定の色に変えなさいだとか、フェンスを変えなさいだとかいろいろだ。

しかも管理組合のメッセージを無視していると罰金になってしまう。

「弱ったなぁ〜。屋根掃除の代金ってべらぼうに高いし、おまけに雨の多い時期に屋根掃除してくれる人なんて見つかるわけないし。

シリウスくん、宇宙船のビームを使って掃除しておくれよ〜」

頭の中で何度も呼びかけているのに、シリウスくんの声はぜんぜん聞こえてこない。

いろいろなところに電話をかけたけれど、どこも新型コロナウイルスの影響で人が足りていないみたいだ。予約が取れても数カ月待ちだし、とうてい4月1日までに終わらせられる雰囲気じゃない。

「こりゃ、自分でやるしかなさそうだな」

翌日の朝方、明晰夢を見た。夢の中で気がつくと屋根の上にいた。

横にはシリウスくんが立っている。

シリウスくんは子どものように小さいけれど、態度はすごく大きい。

「屋根の掃除、大変そうだね。あのとき、僕の声がまったく聞こえてなかったみたいだけど、なぜだかわかるかい？」

シリウスくんは今日も「？」マークのTシャツを着ている。

問題解決の近道は、バイブレーションを上げること

ネブラ　完全にスルーされているんだと思っていたけど……。

シリウスくん　いや、君の質問には100%答えている。

「質問や疑問」の波動域に比べて、「答えや解決策」はちょっとだけ高い波動域にあるんだ。

だから、質問の波動域から答えをつかもうとすると、僕の応答は聞こえてこない。答えを聞きたいなら、君のバイブレーションを上げる必要があるのさ。

願いが叶うのも同じ原理だ。

「願う波動域」と「願いが叶う波動域」にはギャップがある。

このギャップを埋めてあげることで、願いが叶う波動域から望んだことを受け取ることができるのさ。

だから、君のバイブレーションを手っ取り早く上げてしまえば、物事が実るのにかかる時間を大幅に短縮させて、望みを叶えることができる。

さっき君の友だちが鍵を見つけられなかったのは、「鍵がない」波動域にいたからなんだ。

でも、必死に鍵探しをしてないときに鍵が見つかるのは、「鍵がある」波動域に意識がシフトしたからなんだよ。

さっき君は、コケ掃除をしてくれる業者が見つからないって言ってたでしょ？　実際には明日にでもやってくれる業者さんはワンサカいるんだ。

でも、君のバイブレーションがいまだに答えや解決策の波動域にないから、彼らにアクセスできない。彼らを見つけられないんだ。

ネブラ　それ本当？　電話帳の上から順番に電話したんだけどな……。

シリウスくん　最初から決めつけちゃっているからさ。雨の多い冬に見つかりっこないさ、って思ってるだろ？　この思いを持っていたら、見つかるものも見つからないし、ものすごく時間がかかるよ。さぁ、コケ掃除をしよう！

そう言って、どこからともなくデッキブラシを取り出し、シリウスくんが屋根掃除を始めた。２人で助け合ってゴシゴシ屋根掃除をすませたので、あっという間に元通りの屋根になった。

「解決したあとの姿」をイメージする

明晰夢から目が覚めて屋根を確認したけど、やっぱりコケが生えたままだ。

「今朝の夢はなんだったんだろう。まあ、いいや」

毎朝散歩に出かける森に向かって歩き始めると、ご近所さんの家の屋根に人が乗って掃除しているのが見える。思わず声をかけてみた。

「あのー、すみません！　うちも屋根の掃除を頼みたいのですが……」

すると、次の予約のクライアントさんがドタキャンしてちょうど空きがあったそうで、「午後からならできますよ」と言ってくれた。

おまけに値段も割引してくれたぞ！


「シリウスくん、君の言う通りだよ。今から業者さんが来てくれるそうだ。ありがとう！

ところで、なんで明晰夢でコケ掃除をしてくれたんだい？」

森を散歩中にシリウスくんに話しかけるのが日課になっていた。

「屋根が元通りになっている状態を君の意識に植えつけたから、物質化が早くなったんだ。

つまり、**君の中ですでに解決済みになって**

たわけさ。

すると、解決策や答えのある波動域にスッと行けるようになるんだ」

だから業者さんをすぐに見つけることができたのか！

これがバシャールの言う、「未来の自分にリンクする」ってことなんだな。

シリウスくん、ありがとう！　ほかにもいろいろ応用できそうだ！

時間はイリュージョン!?

過去世の古代エジプト人からの教え

私にはいくつか鮮明に覚えている過去世がある。

最近よく思い出すのは古代エジプトにいたときのこと。

ピラミッドのすぐ横に流れる川を5、6人乗りのボートでどこかに急いで向かっている記憶だ。川沿いにはヤシの木や背の低い木々が生い茂っている。

どうやら自分は王室に仕える使用人か何かで、どこかから何かを持ってきたり運んだりして、いつも焦っている感じだ。

それにしても、過去世の記憶ってどうしてあるんだろう?

シャライー　呼んだかな。

ネブラ　シャライー、質問なんだけど、過去世の記憶ってなんであるの？
今の自分に必要あるのかな？

シャライー　**過去世の君も未来世の君も、今の君も、みんなひとつにつながっているんだ。おたがいに影響し合って、おたがいに情報交換しているんだ。**

たとえば、過去世の君が答えを探しているとき、未来世の今の君から答えをダウンロードしたりするんだ。

つまり、過去世や未来世が体験して得た気づきを教えてもらったり、体験から学んだことを教えてもらったりしている。

あと、死んだ自分から今の人生のヒントをもらうことだってできるのさ。

君の古代エジプトの記憶は、今の君の「やらなくちゃ！」という焦りのエネルギーでつながっている。

過去世の古代エジプト人は、「どんなにボートを速く進めても、スピー

ドには限界がある。コントロールできないことに焦ってもしかたないんだから、今ここでできることをしなさい」って言ってくれているんだ。

過去や未来はすべて「今ここ」にある

ネブラ

なるほど、たしかにそうだな。じゃあ、バシャールの言う、「未来の自分にリンクする」って具体的にどうすればつながれるの？

意図的にワクワクしながら生きる未来世にアクセスしたいなあ。

シャライー

接点を「ワクワク」にするんだ。

つまり、今ここの君がワクワクする。さっきは「焦り」で古代エジプト人とつながったみたいに、今度は「ワクワク」を接点に、未来世につなげるんだ。

バシャールがよく言うフレーズに、「過去も未来もイリュージョン。あるのは今ここだけ」ってあるだろう？

まさに、君たちは「今ここ」で過去や未来にアクセスしている。

過去や未来のすべては、同時進行で「今ここ」に存在しているんだ。

おたがいの周波数がちがうだけで、同時進行している。

その一番わかりやすい例はバシャールだ。

バシャールは３０００年先の未来の世界から、「今ここ」の君たちに話しかけてくれている。バシャールから見たら君たちは「過去の人」で、君たちから見たらバシャールは「未来の人」だ。

でも、過去も未来も「今ここ」でつながって、おたがいにクリアなコミュニケーションができている。

時間の経過は、直線的に物事を捉えている3次元密度独特の視点で、本当は「今ここ」にすべてがあるんだ。

ネブラ　今ここにすべてがあるって言われてもねぇ。あまり実感が持てないな。

シャライー　昔の写真を見たときに、なつかしく思ったりするだろう？

でも、君は過去の記憶を今ここで思い出している。

過去に行っちゃってるわけじゃないんだ。

それから、今ここの君のありかた次第で引っ張ってくる記憶も変わってくるし、得る情報もそのつど変わってくる。

焦りのエネルギーでつながる、古代エジプト人との関係みたいにね。


こう考えるとわかりやすいかもね。

過去も未来も「今ここ」で同時進行している。でも、波動域がちがうからおたがいに交差していない。

交差できる場があるとしたら、それは「今ここ」の君の意識の中だ。

君たちはＤＪみたいに、「今ここ」で過去や未来のエネルギーをミックスして、新しい音をつくり出しているのさ。

「ゾロ目」は高次元の存在からのメッセージ

やたら見かける「８８８８」

「あ、まただ！」

目の前で走っている車の番号が「８８８８」。最近やたら「ゾロ目」の数字を見かけるな。

車のナンバーだったり、時計だったり、ほかにもレシートやら盛りだくさんだ。それと同時に「おしいぞ、おい！」っていうことも、たくさんある。

「８８８８」だと思って近づいてよく見てみると、「Ｂ８８Ｂ」だったりするんだ。

たしかバシャールが、**「ゾロ目は標識みたいなもの」**だって言っていた。

「バイブレーションがチューニングされて、こっちに向かってる」ってことを教えてくれているんだそうだ。

ゾロ目のシンクロについてもう少しくわしく知りたくなった。

「おーい、誰か教えておくれよ～？」

呼びかけると、頭の中から返事があった。


「じゃあ少し昼寝しておくれ。夢の中でゆっくり話そう」


夢の中で目が覚めると、高層マンションの一室だった。

ベランダの右側には夕日がちょうど沈む前の海が見えている。

海岸沿いにパラパラと黒い人影が見えて、砂浜がオレンジ色に光っている。恐ろしくきれいだ。

シャライーがベランダに立って夕日を見ているのが見えた。うしろ姿がなんだか微笑ましい。

サインを受け取るかどうかは自分次第

ネブラ　シャライー、こんにちは！

シャライー　来てくれてありがとう。夢の世界のほうが説明しやすいからね。
ところで、シンクロ番号について知りたいんだったね。

ネブラ　そうそう！　もっとくわしく知りたいんだ。

シャライー　オッケー！　シンクロ番号のことを君たちは「ゾロ目」って言ったり、「エンジェルナンバー」って呼んだりするけど、これらはみんな高次元からの「サイン」なんだ。バシャールが言っていたみたいにね。それぞれに意味があるんだよ。
たとえば、数字の「8」は「インフィニティ」、「非物質界と物質界」を表していたり、「豊かさ」を表していたりする。

あと、「8」はバランスがいい番号として認識されていて、構造的にも「安定」を意味しているのさ。

ネブラ　でもさ、みんながみんなゾロ目の意味を知っているわけじゃないし、見ても何も感じない人も多いと思うんだけど？

シャライー　ゾロ目も「許可証」のひとつなんだ。だから、それを受け取るか受け取らないかは君たち次第になる。ちょうど、お化け屋敷を本気で怖がる人と、まったく意に解さない人がいるのと同じさ。

ネブラ　「許可証」って何を許可するの？

シャライー　**「許可証」は、「ありのままの自分になる許可」を自分自身に与えてくれるものなんだ。**宗教だってヒーリングだってタロットだって運動だって、

みんな「許可証」だ。

だから、君がワクワクすることであれば、なんだって「許可証」になり得る。「ありのままの自分になる許可証」として発揮させることができるのさ。

「1111」は「光り輝くことがやってくる」サイン

ネブラ そういえば、最近よく「1111」も見かけるんだ。
これはどんな意味なの？

シャライー 11、22、33のゾロ目は「マスターナンバー」って呼ばれている。

とくに「1111」は〝覚醒〟に関する番号で、「光り輝くことがやってくる」っていう意味になるんだ。

君たちの多くが「1111」を見たりしていると思うけど、この番号に気づいたときの自分のバイブレーションと、そのときの感覚を覚えておくといいよ。
このときの「あり方」が、覚醒を認識できる意識の状態だ、ってことを教えてくれているんだ。

ネブラ　誰が教えてくれているんだい？

シャライー　君自身だよ。君のハイヤーマインドさ。
君のハイヤーマインドが、君はちゃんと進みたい道を歩んでいるよって物質界の君に教えてくれているのさ。

ネブラ　バシャールが言っている「標識」のことだね。
それとね、「1112」とか、「8889」とか、もうちょっとでゾロ目になりそうなのもよく見かけるんだけど、これはどういうこと？

シャライー　それは僕がやってるんだ。君の悔しがる顔がおもしろくってさ。人間の感情の動きって、僕たちにはエイリアンすぎておもしろいんだ。

ネブラ　ぬ〜！　それは君の仕業だったのか！　この間も「４４４４」だと思ったら、「ＡＡ４４」だったんだ。

シャライー　ごめんよ。でも僕たちササニ人にとって、君たちの感情の動きはとっても勉強になるし、最高のエンターテインメントなんだよ。また楽しませてもらうよ！　じゃあね。

夢から目覚めたとき、時計がちょうど3時33分を指していた。「３３３」はササニ文明と関係の深いナンバーなんだ。

アイデアは意識しないときに降りてくる

何もいい案が思いつかない…

広告会社で働く友人が、アイデアが全然思いつかなくて困っていると話していた。

若い世代の人たちは斬新で新しいアイデアをいくつも持ってくるし、技術もスピードもハンパない。

全身全霊をかけた広告アイデアも、彼らにすぐ上書きされてしまう始末らしい。

「どうしたらいいかわからなくなったよ。ちがう部署に移動することもできるんだけど、なかなか今から新しいことをするのも難しいしね。できれば、今の部署で満足いく仕事がしたいんだけどなぁ」

そう言って、友人はコーヒーの入ったマグカップをどんと置いた。

その夜に見た明晰夢はいつもと少しちがっていた。

指1本が通るくらいの小さな穴から、明晰夢の世界をのぞいている感じだ。

あまりにも小さい穴からのぞいているから、全体像がよく見えない。どうも夜の海があるようだけど……？

すると、向こう側にいる誰かが穴を大きく広げてくれた。

シャライーだ。

ネブラ　ありがとう、やっとそちらに行けたよ。

私は窓が全部ふさがれて、ひとつだけ穴が空いてる小さな小屋の中にいたみたいだ。

シャライー　君の友人はね、今みたいに小さな穴からアイデアをつかもうとしているんだ。**小さな隙間から見えるものを一生懸命探してアイデアを得ようとしている。これじゃあ、新しいアイデアなんて思いつくことはできない。**
さっき君が体験したみたいに、狭い視点から得る情報ってたかが知れてる

からね。

ネブラ　じゃあ、どうしたらいいアイデアやインスピレーションを受け取ることができるんだい？

シャワーは最高の瞑想時間

シャライー　まず焦る気持ちを手放す必要があるよ。

それから、**リラックスして心地よい自分になる**んだ。そうすると、ハートがオープンになって受信態勢になれる。

たとえば、お風呂に浸かってリラックスするのも効果的だし、シャワーを浴びてるときなんて最高の瞑想時間だよ。

お風呂やシャワーで「上」とつながる人が多いんだ。とにかく、気持ちの締まり具合が「フーッ」と抜けていく感覚がすることをしてほしいんだ。

そしたら、ギュッと閉まっていたパイプの栓が開かれるから、新しいエネルギーが入ってこられるようになるんだ。

受信態勢というのは、自分がアンテナになってインスピレーションを受け取れる姿勢になることなんだ。

よく、ブレインストーミングって言葉を聞くだろう？

アイデアを生み出すことを目的に、自由な雰囲気でいろいろな意見を出す方法のことだ。何のストレスもなく何のしばりもない。

イマジネーションを使って遊ぶ感覚でね。

ネブラ　ふーん、じゃあ、アイデアを出さなくちゃ！って焦らずにやるってことがいいんだね。

シャライー　そう。**アイデアは向こうからやってきてくれる。自分で操作しているうちはやってくることはできない**んだ。

厳密に言うと、やってきているアイデアに気づけない。

なぜなら受信態勢じゃないからなんだ。

君の友人にアドバイスなんだけど、アイデアが浮かばないときは仕事と関係のないことでワクワクする自分、喜びの自分になってほしいんだ。

そうすると、勝手に受信態勢になれるからね。

このことをしっかり伝えておくれよ！


そうシャライーが言ったとたん、明晰夢から目覚めてしまった。

「あともうちょっと楽しみたかったのに〜」

シャライーの声が頭の奥でかすかに聞こえる。

「君のアンテナが閉じて明晰夢から吐き出されちゃったのさ。

アンテナの強化をおすすめするよ！」

波動を上げる！
宇宙人から地球人へのメッセージ④

「解決」にこだわるほど、
解決から遠ざかる。
リラックスして、
感謝の気持ちを大切にしよう。
すると、いつの間にか
問題が消え去っていく

第5章

型にとらわれずに最高の自分で生きる！

「ありのままの自分」はいつか必ず飛び出してくる

婚約者にフラれて前に進めない…

シアトルの秋が深まるころ、友人の結婚式に参加するためにハワイを訪れていた。

ハワイ滞在中は、大学時代の知り合いが経営するリトリートセンター（心身を深く休めるための施設）に泊まらせてもらうことになっていた。そこは知る人ぞ知る場所でこっそり運営されている。

リトリートセンターの経営者の友人と久しぶりに会って、施設の前にある木陰でビールをくみ交わしていると、滞在客らがゾロゾロ部屋から出てきて、ちょっとしたパーティーになった。

ちなみに、リトリートセンターはアルコールが一切禁止だったため、滞在客はジュースで乾杯していた。

そのとき知り合った若い女性が、こんなことをポツリと話してくれた。

「じつは私、半年前に結婚を決めていた人と別れたんです。彼にフラれて自信がなくなっちゃって……。まだ全然前に進めないでいるんです……」

彼女はうっすら涙ぐんでいる。


何か声をかけて元気づけたいと思いつつも、何も浮かばない。

アルコールが入ると、とたんに宇宙人からのメッセージが聞こえづらくなる。

彼女の話にはうなずくことしかできずに、その場は別れたけど、部屋でベッドに横になっているときも、彼女のことがずっと気になっていた。

頭のうしろで、コキガエルが大音量で鳴いている。

ウトウトしていると、コキガエルの合唱がだんだん人の声のように聞こえてくる。

そのうちに、コキガエルがシャライーの声へと変貌していった。

ネブラ　シャライー、悪いけど声のボリュームを下げておくれよ。音が大きくて

耳が痛くなりそうだ。

シャライー　ごめんよ。これでどうかな？

ネブラ　ありがとう。ところで、今日は何を教えてくれるんだい？

シャライー　さっきの女性に伝言があるんだ。君ときたら、調子に乗ってビールをガポガポ飲むもんだから、アルコールが邪魔してメッセージが届かなくなっちゃったからね。

「自信がない」ことに自信がある？

シャライーは相変わらず声がデカい。

シャライー　彼女は失恋で自信がなくなっちゃったって言ってたけど、そんな彼女に

「自分を信じて」と言っても逆効果になるよ。

それに、君たちはじつは、24時間いつでも自信を持って「何か」を信じているんだ。努力なしに、自動的に。

自信を持っていないときなんて一時《いっとき》もないのさ。

だから、彼女は「自分の自信のなさ」を自信を持って信じているんだよ。

つまり、彼女は自信を失っちゃいない。

ただ、**自信を持つ焦点がネガティブになっているだけ**なのさ。

よくよく考えるとすごく矛盾してるだろ？

ネブラ　たしかに矛盾してる！

シャライー　すべてのテーマには必ず2つの側面がある。

ここに1本の棒があるとしよう。棒の片側が「ポジティブ」だとしたら、反対側が「ネガティブ」になる。

だからこの場合、棒の片側が「(自信を持って)自分を信じる自分」だ

としたら、反対側が「（自信を持って）自分を信じない自分」になるんだ。

さっきも言ったけど、君たちは常に「何か」を自信を持って信じている。

だからこそ、物質界のリアリティを体験できる。

そうじゃなかったら、物質界を体験できないよ。

何もしなくたって「何か」を信じているわけだから、どうせならポジティブを信じるほうを選びたいよね。

そうしたら、引き寄せられてくる体験もポジティブになるし、一石二鳥になるよ。

ポジティブもネガティブも好きなほうを選べる

ネブラ　そうは言っても、それができないから問題なわけだし。

シャライー　君たちはポジティブもネガティブもどちらもいつでも選べるんだ。
ずっと恐れと不安に焦点を合わせてきてたから、初期設定がネガティブ

仕様になっているだけさ。
君たちは常に「何か」を自信を持って信じているんだから、自信をつける方法を改めて身につける必要なんてまったくないんだよ。

ネブラ それなら、自信のフォーカスをもっとポジティブに変える方法を教えてよ！

シャライー オッケー！ アイシスも言ってたと思うけど、自分をとにかくほめればいいんだ。植物を育てるのが上手とか、風邪を引きにくいとかね。
人ってほめられるとうれしくなるけど、実際には自分が受け取りを許可していないかぎりはただの飾り言葉になってしまう。
だから、自分で直接自分をほめてあげるのはとても効果的なのさ。

ネブラ なるほどね！
でもさ、自分自身のことについて絶対に批判的な気持ちを手放さない人

がいるけど、それってなんでなんだろう？

たとえば、全然太ってないのに、自分は太っている、やせなきゃ、と思い続けている人とか。

「自信がある自分」に気づけば、人生が一変！

シャライー

そのネガティブな認識を持っていることが自分にとっていいことだと思い込んでいるからさ。

でもね、君たちは、一度「この考えは自分自身を不自由にしている」と気づけたら、その瞬間に手放しを完了させているんだ。

「この思い込みは、『ありのままの自分』にとって不要だ」って、思い出すからね。


たとえば、自分の考えを発言できない人って多いだろう？

みんなから総スカンを食ったり、みんなの前で恥をかいたりしないように、自分を出さない選択をして自分自身を守っている。

だからブロックを外さないで、ひたすら持ち続ける選択をするんだ。

「これ、言いたいなぁ。やっぱりやめとこう。あ、これも知ってるから伝えたいなぁ。でも、わかってもらえなかったら嫌だからやめとこう」という具合に、「ありのままの自分」と「それをブロックする自分」とで綱引きが始まってしまう。

でも、本当は心配しなくても大丈夫なんだ。

なぜなら、ブロックはどんどん大きくなって、無視できないほどになるからさ。

「コンコンコン。ここにブロックがありますよ〜」から、次第に「どんどんどん！　ブロックがもうお部屋に入らないです。どっかーん！」ってなる。つまり、どこにも逃げられないくらい成長するんだ。

ネブラ

ひえ〜。それは避けたいね。つまり、バシャールの言う5ステップのうちの3番目、「過去の自分を断ち切る」をやらなきゃってことだよね。彼

女の話に戻すけど、彼女は自信が戻ったらまた新しい恋愛ができるようになるのかな。


シャライー　「自信のある自分」に気がついたら、だよ。もちろん！

素敵な恋愛ができるようになるさ。

今は悲しみにフォーカスしているけど、自分を信じるのはとてもたやすくできるからね。


翌日の朝、結婚式の手伝いをするために、早めに会場へ向かった。

式場はホテルの横のビーチだ。ビーチ沿いに建てられたガゼボはトロピカルでカラフルな花で飾られていて、ブランコまである。

私はホテルから飲み物やお皿を運んで忙しく動き回っていた。

そのとき、昨日の女性がレセプションに立っているのが見えた。

彼女も招待客のひとりだったようだ。

「よかった！　ちょうど君に伝えたいことがあったんだよ！」

私は式が始まるまでの間、シャライーからのメッセージを丁寧に伝えた。青い空の下で彼女は静かにうなずいていた。

この出来事から約1年後、彼女から突然カードが届いた。

「以前はお世話になりました。今年の秋にハワイで結婚式をします！
ぜひいらしてください」

幸せそうに写る2人の写真が一緒に添えられていた。

ワクワクしている人は、ワクワクしていない数万人の束よりパワフル！

「あなたたちは可能性の宝庫」

ワシントン州は2年に1度シルク・ドゥ・ソレイユがやってくる。大きな公園に大きなテントが出現し、その周りを駐車場が囲む。いつ行ってもものすごい数の車だ。私は早めにシルク・ドゥ・ソレイユの会場に到着し、会場の扉が開けられた瞬間に自分の席に向かった。

ここの雰囲気がなんとも気持ちがいいんだ。

シルク・ドゥ・ソレイユを見ていると、パフォーマーのワクワクがビリビリと体に伝わってくる。なんというか、テントの中が大きなエネルギーの渦になって、彼らと一体感を味わう感じになるんだ。なんとも不思議な感覚がする。

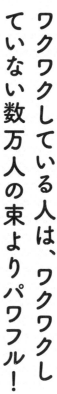

「人の可能性が最大限に引き出されるって、まさにこういうことを言うんだろうなぁ。たしか、ワクワクにつながるたったひとりは、つながっていない数万人の束よりパワフルだって誰かが言ってたっけ」

そんなことをぼんやり考えていると、前座のピエロからポップコーンが手渡された。

「ありがとう」と言ってポップコーンを食べようとすると、パッと取られてしまった。でも、またポップコーンを渡されるので、「ありがとう」と言ってポップコーンを食べようとすると、またパッと取られる。

これを3度繰り返して会場が爆笑の渦になっていった。

ピエロは最終的に私にポップコーンを手渡して、小声でこう言ってくれた。

「君のポテンシャルは計り知れないね！　とてもよかったよ、ありがとうね」

シルク・ドゥ・ソレイユのパフォーマンスは、最初から最後までワクワクしっぱなしだった。家に戻ってからも、その余韻はずっと続いていた。

「ポテンシャルかぁ。もう人生の半分を生きてポテンシャルと言われても、あんまりぴんとこないや。もうちょっと若かったらうれしかったのかもなぁ」

そのとき、頭のすみでアイシスが私に向かって合図を送ってくれている気がした。

「アイシスから何かメッセージがありそうだな」

その夜見た明晰夢はちょっと風変わりだった。

自分の目線と、遠くから自分を見つめる目線の、２つの目線が同時進行して見えている感じだ。私はどこかの発着場にいて、空からやってくる宇宙船をながめていた。

２つの視点を行ったり来たりできるから、まるでゲームをプレイしているみたいだ。

発着した宇宙船の扉が開くと、そこから数十羽の大きな白い鳥が飛び出してきた。

それぞれの鳥の首や羽根には美しい色とりどりの宝石が散りばめられている。すると、数十羽の鳥がひとつになって超巨大な白いオウムに変化していく。

アイシスにちがいない！　そう思った瞬間、

「あなたのポテンシャルは計り知れない。あなたたちは可能性の宝庫よ。いくつになったってそれは変わることはないのよ」

と、巨大な白いオウムになったアイシスが話し始めた。

「ポテンシャル」とは「新しい自分になる可能性」のこと

アイシス　あなたたちが「ポテンシャル」という言葉を考えるとき、ビジネスで成功することやお金持ちになることだと考えるけど、本当はそれだけじゃないの。

あなたたちのポテンシャルは、「今ここ」にすべて存在しているの。

つまり、「ソース（源）」にまっすぐつながる「今ここ」のあなたは、「無限の可能性にアクセスする扉の前にいる」ってことになるの。

ポテンシャルとは「新しい自分になる可能性」のこと。

そして、成功とは「ソース（源）にまっすぐつながる自分になること」なの。

だから、**ポテンシャルも望む成功も、そのすべてが「ソース（源）」にまっすぐつながる自分の中にある**」ってことなのよ。

ネブラ　うーん。もうちょっとくわしく教えてよ、アイシス。

アイシス

いいわ。あなたが今まで体験してきたことのすべては１００％あなたが持ち主なのよ。つまり、あなたが創り出して、それを自分で受け取っている。誰かに与えられているわけじゃないの。

だから、**あなたが「願い」を誕生させたその瞬間に、その「願いの結果」はエネルギーの世界に創られている**の。

しかも、その結果を受け取ることができるのは本人だけよ。

たとえば、家がほしいとするでしょ？

ほしいと願った瞬間に、エネルギーの世界に家が手に入るの。

でも、あなたたちってお金がない、家を持つなんて無理、自分はふさわしくないと言って、対立する思いでブレーキをかけてしまうでしょ？

この思いが結果的に「はい、私はお金がない。はい、私が家を持つのは無理。はい、私はふさわしくない」という現実を引き寄せてしまうことになるわけ。

ブレーキをかけなければ、今すぐすべてが手に入る

ネブラ　そうか。じゃあ、ブレーキをかけないとどうなるの？

アイシス　抵抗する思いで綱引きをしなくなるから、すぐ家が手に入るわ！　だからね、よく聞いて。あなたたちがすること、それは、ソース（源）とまっすぐつながる「今ここの自分」になることなの。「今ここ」をワクワクして生きる自分は、ソース（源）とつながる自分だから、可能性の扉が開いている状態よ！

ここからだったら、どこにでも行けるの！　ちょうど、ハブ空港からどこへでも好きな国へ行けるみたいにね。

そうアイシスが言い終わると同時に、大きな銀色の母船が発着場に到着した。

「さぁ、行きましょう」

アイシスに促されて、一緒に母船へ乗り込んだ。

ネブラ　どこに連れていってくれるんだい？

アイシス　あなたの願いが1箇所に集められているエネルギー倉庫に、連れていってあげるわ。

到着した場所は、青い光が一面に広がる、だだっ広い世界だった。街も見える。でも不思議なことに人がひとりも見えない。

アイシス　ここは、あなたが望んだものだけが集められたエネルギーの世界よ。あなたたちひとりひとりに、こういう世界があるの。

ネブラ　あ！　ずっとほしかった天体望遠鏡がある！　これはいつ手に入るの？

物事がやってくる過程を体験している

アイシス

望遠鏡がやってくるのを、ブロックしなくなったらね。

あなたたちは、無意識に望んだものをブロックして受け取らないでいるのよ。

だから、まだ受け取ってないものが丸々30年分くらいたまってるわ。

エネルギー倉庫には「オープンコンタクトに関する望み」「精霊や他の存在との交流」も入っているわ。

望みにはそれぞれ、〝アドレス〟のようなバイブレーションが関連づけられているの。

だから、このアドレスのバイブレーションに自分のバイブレーションをマッチさせてあげるだけでいいの。

すぐにマッチできない場合は、徐々にアドレスをマッチさせるのよ。

たとえば、今年は30％マッチしたけど、翌年は70％マッチしたという具合にね。

こうやって物事が実る過程をあなたたちは体験しているっていうわけ。

ネブラ　なるほどね〜。でもさ、アドレスに自分のバイブレーションがマッチしているのに願いが届かないことってあるのかい？

アイシス　あるわよ。これがさっき言ってたことよ。あなたの場合、天体望遠鏡を自分でブロックしちゃって受け取らないでいるの。

明晰夢から目が覚めたときはまだあたりが真っ暗だった。外でフクロウがホーホーと鳴いている声が聞こえる。

ふと先ほどのアイシスの言葉を思い出していた。

実際、天体望遠鏡は子どものころからほしかったものだった。

だけど、あまりにも自分にとって特別だったから、「自分にふさわしくない」という思いをどこかで抱いていたようだ。

「ずいぶんと矛盾してる思いをずっと持ってたもんだ」

そのしばらくあと、うちで友だちを呼んでワイワイしていると、友人のひとりが天体望遠鏡を売りたいと言ってきた。

そんなに大きくないけれど、性能はばっちりでちゃんと土星の輪っかも見られると言うじゃないか！　もちろん、私は二つ返事でそれを買う約束をした。

「本当の自由」とは何か？

「対立する思いがない」＝「自由を手に入れている状態」

「まいっちゃったなぁ」

日本に一時帰国したとき、どこからか私の噂を聞いた母校の校長から連絡があった。

アメリカで永住権を得て生活している卒業生は私だけだそうで、卒業式のスピーチをしてほしいという依頼がきたのだ。

「まいったなぁ。大勢の前でスピーチなんてやったことないし、高校生に何を話していいのやらわからないよ。断ろうかなぁ。いや、でもそれはしたくないしなぁ」

3月の日本はまだまだ寒い。ひょっとしたら私が住むワシントン州よりも寒いかもしれない。

「近所の銭湯にでも行って、少し考えてみるか」

実家の近所には、サウナも完備した大型銭湯がある。

誰もいない銭湯の湯船に浸かって、ゆっくり目を閉じた。これから羽ばたく子どもたちを応援したい。だけど、人前で話すことにものすごく抵抗があった。

「うぅ、どうしよう。明日には返事をしないといけない……」

自分が情けなくて自己嫌悪に陥っていた。もしかしたら、大勢の前で話すのになんの抵抗も感じない自分になれたら、本当の自由を手に入れられるかもしれないな。そんなことをぼんやりと考えていた。

「とんとん。ハロー！　ごきげんよう」

ネブラ　その声はシャライーかい？　なんにも見えないけど？

シャライー　見えないようにしているんだ。君がのぼせちゃうからね。だから手短にいくよ！

君が怖がっているのはスピーチじゃない。君が怖がっているのは失敗す

ることだよ。大勢の前で恥をかきたくないからさ。ところで、さっき「自由」について考えてたみたいだけど、「本当の自由」って何か知っているかい？

ネブラ　うーん。なんでも自分の好きなように行動できることだろう？

シャライー　そう。つまりは、ソース（源）にまっすぐつながる自分になることだ。君がソース（源）につながる「ありのままの自分」になれば、対立する思いから解放される。この瞬間に本当の自由を手に入れているんだ。だから、「対立する思いがない」＝「自由を手に入れている状態」なのさ。

ネブラ　「対立する思いがない状態が自由」って言ってもさ、「コントラスト（対立）」をこの世界から消してしまうことなんてできないじゃないか。

シャライー　たしかにコントラストを消してしまうことはできないよ。

物質界にコントラストは必要だからね。君たちが進化できるのはコントラストがあるからだし、君たちが成長できるのもコントラストのおかげだ。

だから、コントラストがどんなものなのかをしっかり理解して、上手にコントロールしていけばいいんだ。

コントラストをバランスよく取り入れて、自分にとって有利になるよう活用していけばいいのさ。

バシャールの「ワクワクの方程式」

ネブラ　どうやって？

シャライー　バシャールが教えてくれている有名なフレーズがあるだろう？

「**ワクワクの方程式**」のことさ。

この方程式はソース（源）とつながる「ありのままの自分」になって生

きるためのツールなんだ。
つまり、「本当の自由」を手に入れるためのツールなんだ。

【ワクワクの方程式】

① ワクワクに沿って行動する
② できるところまでワクワクに沿って行動する
③ でも、結果にこだわらない
④ どんなときでも常にポジティブな自分で「今ここ」を生きる

この方程式には必要なものがすべてギュッとつまっているから、何も取りこぼしはないのさ。

ネブラ　たとえばワクワクってどんなことだい？
大勢の前でのスピーチに到底ワクワクなんてできっこないよ。

シャライー

でも君は生徒さんたちを応援したいんだろう？

これが君のワクワクだ。ここにフォーカスして考えてみるといいよ。

スピーチはそれを可能にするツールにすぎないんだ。

君に覚えておいてほしいことは、君が何をしたいのか、そこをしっかりつかむことなんだ。

そして、つかんだ動機にまっすぐ焦点を合わせてあげる。

それだけで、あらゆるインスピレーションやアイデアがやってきて、スピーチで話したいことがスラスラと出てくるようになるんだ。

さぁ、のぼせちゃう前に風呂からあがりなさい。

ネブラ

「本当の自由」は、ソース（源）につながる「ありのままの自分」になることで手に入るのかぁ。「自由」も自分の中にあるんだね！

ありがとう、シャライー！　スピーチを引き受けてみるよ。

進むべき道は自分のハートが知っている

ワクワクを追いかけるのは無責任？

母校でのスピーチは大成功だった。

ところどころ自虐ネタも入れたら生徒は大喜びして、生徒だけでなく、先生のほうからも笑いがたくさん起こり、会場の雰囲気がすごくよかった。

式が終了したあと、何人かの生徒から「アメリカの生活についてもっとくわしく聞きたいです」と話しかけられ、立ち話をしていた。

すると、だんだん人数が増えて、自然に円陣ができあがっていく。この場に前向きなエネルギーをすごく感じる。

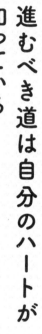

「君たちはどんなことをしたいと思ってる？　どんなことにワクワクしているんだい？」と聞くと、ひとりが「留学したいです」と言った。

「留学について、どんなことにワクワクするのかな？」

「外国語が話せるようになって、いろいろな国の人たちと仲よくなりたいです」

私はバシャールの「ワクワクの法則」をひととおり説明して、ほかの誰でもない自分のハートに答えがあることを説明した。

みんなキラキラした目で真剣に話を聞いてくれている。

校舎を出て外側から高校をながめていると、自分が高校生だったのがついこの間だったような感覚になるから、不思議だ。

あのときの自分もあんなキラキラの目をしていたにちがいない。

じつは、スピーチ内容は事前にチェックされていて、これは言わないでくださいと言われたセリフがあった。

それは、「親や先生や誰がなんと言おうと、自分の好きなこと（ワクワク）を追いかけなさい」だった。

顧問の先生曰く、建前上、保護者の前で無責任な発言はできない、とのことだった。

家に着いてからお茶を飲んでゆっくりしていると、ふと先ほど言われた言葉が頭に浮かんだ。

「ふぅ〜、無責任ねぇ。そう思うのもわからないでもないけど……」

お茶をすすろうとカップを持った瞬間、カップの底に大きなアーモンド形の目をしたシリウスくんがのぞきこんでいるのが見えた。

自分の直感にしたがえ！

ネブラ　うわっち！　シリウスくんかい？　びっくりさせないでくれよ〜。
お茶をこぼしちゃったじゃないか。

シリウスくん　ごめんごめん。
さっきから君に話しかけてたのに、全然見てくれないからさ。さっき無責任だって言われてボツになった発言のことだけど、我々から言わせると無責任なのはどっちだろうね？になるんだ。

つまり、「自分に備わっているナビを使わずに、かわりに先生や親など自分以外のナビを使って生きなさい」って言っていることになる。

これってあまりにも無責任なアドバイスになるんだ。わかるかい？

アイシスから聞いたと思うけど、君たちの感情の動きは「車のナビ」みたいなもので、君たちの感情の動きが「ちゃんと道を進んでいるのか、または外れてしまっているのか」を教えてくれているのさ。

心地よい感覚がするときは「まっすぐ自分の道を進んでますよ」の合図になる。でも逆に、不快な感覚がするときは「君の進む道じゃないですよ」って知らせてくれているのさ。

しかも、**君に搭載されているナビは君にしか機能しない。他の誰かのナビはまったく意味がないんだ。**

そのとき、ちょうどテレビ番組で、レディー・ガガが選挙の落選者たちに「**人の意見に左右されないで！　自分のハートと直感が答えなのよ**」と言っていた。

シリウスくん　ちなみに、レディー・ガガにも高次元の存在のガイドがいて、彼女はそのことにちゃんと気がついてるんだよ。
彼女、とてもいいこと言ってるだろう？

あなたに見合った場に世界がシフトしていく

自分が不機嫌なときは、不機嫌な人がとなりに座る

日本からアメリカに戻る飛行機に乗っている間、私は目をつぶって瞑想していた。

なぜだか知らないけど、飛行機の中はものすごく「上」とつながりやすくなる。

映像もはっきり見えるし、聞こえてくるメッセージもものすごくクリアになるんだ。

瞑想中に見ていた映像は、座席と座席の間の通路を歩く3人組の宇宙人だった。

先頭を歩く宇宙人が、手にブラブラ揺れるランプを持っている。

3人組の宇宙人がうしろからゆっくり私の座席の横まで来ると、突然クルッとこっちを向いてランプを私の顔に近づけてきた。

そのとき、3人組だった宇宙人は、合体してひとりになった。

「ごきげんよう！　君と話があるんだ。一緒に来てくれ」

言われるがままついていくと、広大な原っぱが見えてきた。

ネブラ　わ〜、心地よい場所だね。日本を去るのは少しさみしい感じがするけど、でも本当に楽しかったなぁ。

宇宙人　日本が楽しかったようで我々もとてもうれしいよ。

君も気がついていると思うけど、君のバイブレーションに100%マッチした現実がくりひろげられているんだ。

だから、君と交流を持つ人たちは、みんな君のバイブレーションにマッチした人たちさ。我々もふくめてね！

たとえば、君が不機嫌だったら、となりにも不機嫌な人が座るという具合だ。でも、**もしも君の気分が改善されて心地よい自分になったら、不機嫌なおとなりさんは目に入らなくなるし、気にならなくなる**のさ。

そして、不機嫌なおとなりさんが君のバイブレーションにマッチする選択をしたら、おとなりさんも心地よい自分になることができる。
だから、いつもワクワクした自分でいると、知らないうちにいろいろな人たちをサポートすることになるのさ。

ネブラ　なるほどね。だったら、その逆もあるのかな。たとえば、会議で重たい議論がされているときなんか、雰囲気が暗くて自分も暗くなってしまうよ。
ものすごく心地よい自分で会議室に入ったんだけど、会議が終わって会議室から出るころにはすっかり気持ちが重たくなってたりするんだ。

バイブレーションを高く保てば、すべてうまくいく！

宇宙人　もちろん、君が重たいバイブレーションにマッチする選択をしたからさ。
あのね、君たち人間はとても協調性があるんだ。人の気持ちに自然に寄り添う性質がある。

会議室のバイブレーションを設定する人は、たいていその中で一番強いバイブレーションを発する人だ。

一般的には会議の進行役がそれをすることになるね。


進行役が重たいバイブレーションで会議を進行すると、会議室のバイブレーションは重くなる。そして、参加者たちがそのエネルギーに同調するからもっと重たいエネルギーがつくられていくってわけさ。

だから簡単に言うと、ひどい事件を取り扱うニュース番組を数分見ていただけで、君たちのバイブレーションはそのバイブレーションに調律されてしまうんだ。ものの数分でね。

そして、しまいにはそれが自分のバイブレーションに組み込まれてしまうようになるんだ。

ネブラ　でもさ、テレビはチャンネル変えたり、消したりしてコントロールできるからいいけど、会議となると避けられないじゃない。

宇宙人　戦おうとしなくてもいいんだ。

そして、会議が始まる前に得意のバカ話でもして場を盛り上げちゃえばいいのさ。**君のバイブレーションを高く保っておくことを最優先にする。**

これであらかじめトーンが設定されるから、たとえ重たい話が予定されていたとしても、そこまで重くはならなくなるよ。


「ポーン」

機内アナウンスが入って宇宙人とのコネクションがいったん途切れてしまった。

でも、機長さんが粋なアナウンスをしてくれたので機内に笑いが起こり、バイブレーションが元に戻ったようだ。目をつむるとまだ広大な原っぱが見えている。

ネブラ　ところで、君は一体だれなんだい？　３人がひとりになっちゃったりして、びっくりするよ。

宇宙人　我々は君のガイドの集合体なんだ。

我々の中にアイシスもシャライーもシリウスくんも統合して入っている。
そして、3人は過去、現在、未来を象徴している。3が1になったのは、「今ここ」に君の意識がシフトしたからなんだ。

さっきも言ったけど、**君たちが体験していることは、全部自分で引き寄せているんだ。だから、寸分たがわず自分のありかたに沿った世界がくりひろげられている**ってことなんだ。

このことを決して忘れないでほしい。

自分の責任でリアリティを引き寄せているわけだから、自分で創っていることが認識できると、自分でコントロールできるようになるからね。

じゃあ、アメリカの大地でまた会おう！

「旧型の自分」から「新型の自分」へ

「好きな人」をとるか、「親」をとるか

アメリカに到着して、飛行機を降りると、ポプリと大地の香りがした。どの国に行っても、その国特有の独特な香りがする。

アメリカらしい香りを胸いっぱいに吸いこんだとき、「日本よりもアメリカのほうが自分の故郷になりつつある」という感覚がした。

家に帰るタクシーの中で、ドライバーとなにげない話をしていたとき、ふとドライバーの結婚の話になった。

そのドライバーはアフリカ出身で、彼の住む土地では結婚相手を両親が決める風習

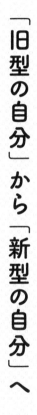

があるという。

彼には好きな女性がいるけれど、その女性と結婚するには親と縁を切る必要がある。彼は引き寄せの法則などのスピリチュアルの話を出しながら、「自分の人生は自分で創るものだ」と言いつつ、「自分で創るのにも限界があるんだけどね」とさみしそうに語った。


好きな人と結婚するために親と縁を切るのか、好きでもない人と一緒になって親との縁を続けるのか……。自分だったらすぐに答えが出るんだけどな。

家に到着してからもしばらくそのことが頭から離れなかった。

ひと昔前の日本も親によって縁談が決められるということがあったようだ。

私の亡くなった祖父母の場合、大恋愛の末に一緒になったのだが、その当時、恋愛結婚は「恥ずべきこと」だったそうで、恋愛結婚だったことは、あまり大きな声では言えなかったそうだ。


家に到着すると、ドッと疲れが出た。日本からの便はお昼ごろに到着することが多いので、時差のせいでだいたい8時間くらいたっぷり眠気と戦わなくてはいけない。
この日は夕方4時ごろに限界がやってきた。
「もうダメだ。眠くて眠くて……」
ちょっと昼寝のつもりで、床にゴロンと寝そべった。
ここだったら床が硬くて深くは眠れないはずだ。

アイシス　お帰りなさい。

アイシスの声が頭の上で聞こえる。

ネブラ　ああ……。眠り込んじゃったか。ガマンできなくて寝ちゃったけど、適当な時間に現実の世界に戻してくれるかい？

アイシス　いいわ。じゃあ、現実の世界に戻る前にちょっと話を聞いてね。

目覚めるかどうかは、その人次第

アイシス

あなたたちが今世のこのタイミングにやってきたのは、ちゃんとした理由があるの。

「今までの考え」から「これからの考え」にシフトして、目覚めて生きることを目的としているのよ。

でも、あなたたちには自由選択の権利が与えられているから、今日のドライバーさんのように「選ばない」選択をする人もいるのよ。

でも、**今世で「選ばない」選択をしても大丈夫なの。**

「覚醒」は成長や進化の一環だから、誰にでも必ず覚醒のタイミングがやってくるのよ。

あなたたちは、「幼少期→思春期→青年期」を体験してるでしょう？

意識の世界にも成長過程があって、覚醒はちょうど「思春期→青年期」になる過程よ。まだ親元で思春期を体験していたかったら、好きなだけそ

れが可能なの。

でも、意識も体も全部が成人してエネルギーも大人になると、誰もが自立したくなる。自分で自分の人生を創って体験したいって思うようになるの。これが「覚醒」よ。

目覚めて生きる選択をした人たちは、これから目が覚めるような現実がたくさん芽吹いていくようになるわ。

たとえば、高次元の存在との出会い、つまり「オープンコンタクト」が起こったりする。それと、精霊とコミュニケーションが復活する世界を生きるようになるの。

「覚醒」をちがう言い方にすると、**「自分の責任で選択して、生き方を決める」**ということ。

だから、あなたたちは旧型の考え方から新型の考え方に移行して、新しい視点で新しい生き方をする機会が与えられているのよ。

それを手にするかどうかは、あなたたち次第ってわけ。

ネブラ　目覚めて生きる選択をすることを誓います〜。むにゃむにゃ。

アイシス　わかったわ！　じゃあ、現実の世界に起きてね！

何か顔に降ってきたかと思って、パッと目を開いた。

窓から見事に真っ赤な夕焼けが見える。

ネガティブな人もポジティブな人も、心が病んでいる人も喜びに満ちた人も、誰もが立ち止まって空を見上げたくなるような美しい空。

そのとき、空を見上げたみんなの「共通な思い」を感じた気がした。

そして、子どものころに夕焼けの空の下で誓ったことをもう一度思い出していた。

この世は「遊ぶ」ためにある

「思いっきり遊びなさい」

「明日は翻訳のプロジェクト会議があるから、今日はこれで失礼するよ」

そう言って帰り支度をしていると、帰り際に友人が、

「お前、最近忙しすぎじゃないか。なんだか知らんけど、もっとゆっくりやれよ」

と声をかけてきた。彼の言葉に内心ドキッとした。


この日はベルビューの友人宅で昼食をとっていた。

いつもだったら夕飯時までお邪魔しているのだけど、明日の準備があるので早々に帰宅することにしたのだ。

もっとゆっくりやれ、か。アイシスからも「もっと遊びなさい」と言われたよな。

車に乗って家に帰る間、ふと、子ども時代の光景を思い出していた。

あのころの自分は送電塔くらい背が大きくなるんだって信じていたっけ。

集合住宅の団地よりも大きくなって、いつかウルトラマンのチームに入るんだって思っていた。

「あ、でも、遊ぶっていうのはそういう意味じゃないよな」

マジメにとらえすぎず、楽しく

子どものときはお使いですら自由な気持ちで楽しかった。

お使いの帰りは兄弟2人で必ず寄り道してから家に戻っていた。

毎日が冒険で、いつも新しいことを探していた気がする。

昔のことを思い出しながら、運転していると、車が割り込んできた。

その車のうしろには**「play hard / 思いっきり遊びなさい」**と書かれたステッカーが貼られている。

「うわっ、ここでもか！」

必要なメッセージは自分がどこにいようが必要なときにやってくる。

そうバシャールが言っていたのを思い出した。

30分くらい北に向けて車を走らせて家に戻ると、電話がけたたましく鳴った。

というか、何度も携帯が鳴っていたようだ。

「ハロー？　どうした？」

「おい、お前、靴忘れてるよ！」

うわっ！　スリッパで帰ってきてるじゃないか！　友人と私は笑い転げた。

「うはは！　お前、アホのまんまだな。前にマグカップの底を上にして、コーヒー入れて火傷《やけど》したりしてたろ？

お前のそういうアホなところが最近ないんだよな。でも、まぁ、変わってなくて安心したよ。じゃあな！」

そう言って電話が切れた。

はぁー苦しい。笑いすぎた。自分の間抜けさに気が抜けてしまう。靴はまた今度だ。

しかし、言われてみれば最近笑われることが少なくなった。

いろいろなことをマジメに考えすぎているってのもあるかもしれないな。

今回電話をかけてきてくれた友人と仲よくなったのも、まさに自分がヤラカシタことがきっかけだった。

「俺、無職になっちゃったよ」と言う友人に、「無職ってどんな仕事だ？」って聞き返したんだっけ。あのときも友人と笑い転げたな。

いや〜、友人の心が広くてよかったよ。あれ以来、仲よしだ。

「なんか楽しい気分になってきたぞ」

「遊びなさい」っていう意味は、**「マジメに捉えず、楽しく捉えなさい」**っていうことなんだって、なんとなくわかり始めてきた。

この間アイシスも言ってたけど、私たちはなんでも瞬時に叶う完璧な世界からやってきている。そんな私たちが「あの世」ではできない体験をしに、この世界にやってきているんだ。

苦しみも、悲しみも、嫉妬心も、闘争心も、あの体験もこの体験も、みんなこの世界でしか体験できない。だからここにやってきている。

そう考えると、「一時的にやってきているこの世界を、おおいに楽しんでやるぞ！」という気持ちになった。

ああ、これがバシャールの言う、5ステップの最後のひとつ、**『今ここ』をワクワクで生きる**」ってことなんだ。はじめて心の底から理解できた気がする。

「この世界に遊びにきているという視点になると、とたんに緊張がなくなるな。明日の会議はなるようになれでやってみるか。べつに会議の進行を担当しているわけでもないし」

必要な情報は必要なタイミングでやってくる！

そんなこんなで、はじめて会議の準備をまったくせずに、当日を迎えることになった。

会議が始まってしばらくすると、準備していないほうが、会議の内容が頭にすんなり入ってくるのがわかった。

この間のバシャールのイベントでダリル・アンカが言っていたけど、イベントで話す内容の下準備は一切していないそうだ。

「ハートをオープンに、アンテナに徹していれば、必要のある情報は必要なタイミングでやってくるんだよ」と言っていたのだ。

必要なタイミングで必要な情報がやってくるから、知る必要のある情報も同じように知る必要のあるタイミングでやってくる。

脳はメッセージを受け取る「アンテナシステム」があって、厳密に言うと、ハートで受け取って脳に転送されているらしい。

「ハートをオープンに」という意味は、「受信態勢でアンテナに撤しなさい」ってことを意味しているんだ。

だから、「こうあるべき」と決めつけたり、かまえたりすると、とたんにアンテナの感度が鈍ってしまう。

やってくるメッセージを限定しちゃうことになるからだ。

「おーい、ちょっと、そこの君。ちょっとちょっと」

小柄で人のいい上司が手招きをしている。

「あっ、はい！」

「キミ〜、会議中ずっと落書きしてたみたいだけど、ちょっとそれ見せてみぃ」

「えええっ！　こ、これはちょっとした弾みでして……」

「いいから、見せてみなさい」

まずい。何も考えずに落書きしてたんだった。

でも、手を動かしていると会議に集中しやすいんだ。


「うははは〜！　おもしろいね〜君。これ宇宙人だろ？

いや、怪獣かい？　こんな絵を子どものころに見た気がしたよ。

君はマジメくさったヤツだとばかり思ってたけど、案外おもしろいヤツだったんだな。今度一緒に飲んで楽しもうじゃないか！」

そう言って肩をパンパン叩かれた。

「ありがとうございます！　ぜひ！」

宇宙人じゃなくてウルトラマンだったんだけどな、と思いながら頭を深々と下げてお辞儀した。これも「遊び」っていうキーワードじゃないか！

「必要な情報は必要なタイミングでやってくる」ってバシャールが言ってたけど、自分に必要だからこそやってきているにちがいない。

上司と仕事以外で「遊び」を共有するのも新しくておもしろそうだ。

そう思ってチラッと上司を見ると、ポケットからウルトラマンのキーチェーンが飛び出しているのが見えた。

「ほらっ！　やっぱりそうだっ！」

そのとき、ウルトラマンと目が合ったような気がした。

波動を上げる！
宇宙人から地球人へのメッセージ⑤

「目覚める」とは、自分の人生を
自分で創る決意をすること。
さあ、人生を楽しむ準備はできたかい？

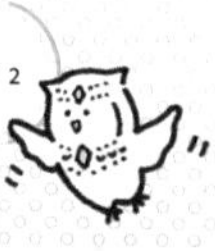

おわりに
あなたが宇宙人と対面できる日も近い!?

最近の新型コロナウイルスの騒動で、一時的に人との接点がなくなったからか、いろいろ自分について考える機会が多くなった。

まるで一日中瞑想しているみたいに、自分の無意識部分に足を踏み入れて、自分探検をしているみたいだ。

これまで自分の無意識の中に、ハイヤーマインドとつながる「インナーセルフ」の存在を感じていたのだけど、最近はインナーセルフ全体が顕在意識にいるような感じがする。

私たちは2万6千年の周期を終えて、今まさに新しい周期に突入している。

地上に数百、数千回の転生を経て、このタイミングを目指して生まれ変わった人たちもいる。このタイミングを体験したくてやってきているんだ。

そして、宇宙からも、たくさんの高次元の存在たちが地球の歴史上もっとも希少でもっとも特別なこのタイミングを、一目でも見ようとやってきている。

青く美しい地球に住む、すばらしく力強い生命の進化を見届けたいんだ。

たくさんの存在が「ありのままの自分」になるためのサポートを投げかけ、たくさんの存在が私たちの進化と成長を愛の目で見守ってくれている。

そして、今この地球上に住む、彼らの「過去世」である私たちがスムーズに進化をとげられるよう、宇宙人たちがコミュニケーションを取ろうとしてくれているんだ。

私たちが気づいていようがいまいが、もうすでにコミュニケーションは始まっている。だから、ようは彼らの存在を認識できるようになればいい。

パッと見た看板のメッセージを見せてくれたのは、もしかしたら高次元の存在かもしれない。

なんとなく目に入ってきた記事を送ってくれたのも高次元の存在かもしれないんだ。

何気ない一言を投げてくる、見知らぬ人との出会いも、君のガイドの仕業かもしれない。

新しいアイデアや、今までの自分じゃ考えつかないようなワクワクするアイデアも、自分がアンテナとなってどこかから受信している。

私たちがふだんの生活で普通にやってのけている多くのことは、高次元の存在たちのさまざまなかげながらのサポートで成り立っているんだ。

だから、たくさんのサポートがあることを認識できるようになると、もっと意識的に彼らとコミュニケーションがとれるようになる。

もっとそこに感謝できるようになるから、さらにたくさんのサポートがやってこられるようになる。

地球では今も戦争や紛争がくりかえされているし、一見まるっきり学んでいないように見える。成長した高い意識とかけ離れているように見えるせいで、「地球は幼稚園」と言われることがあるけれど、実際には修士課程の学校なんだ。

ここまでコントラストと制限のある世界は、地球以外にひとつもない。

私たちはこんなに凸凹でアップダウンのある道でも、まっすぐ光に向かってここまで上りつめてこられたんだ。

ある意味、私たちは2万6千年周期のひどい凸凹道を生き抜いてきたとも言える。

よっぽど強く、よっぽど決心が固まっていないと、魂はここにやってこれない。

だから、ここまで生きてこられた自分をほめたたえてほしい。


パンデミックはまもなく終わるだろう。

そして何年か経って、パンデミックのこの時期を思い返すときに、きっとこう思うにちがいない。

「あのときは大変だったけれど、あの体験がなかったら、今の自分はいなかったはずだ」と。

そして、何かつらいことがあって立ち止まったときには、「私たちは永遠の命を持つ存在である」ということを思い出してほしい。

何も急ぐ必要はないし、何かを成し遂げなくてはいけないこともない。

私たちは喜びを「どう体験していくか」を学びにやってきているわけで、世直ししにきたわけでも、壊れた何かを修復しにやってきたわけでもないのだから。

自分のハートが共鳴すること、自分の心がワクワクすることを忘れずに今ここを生きよう。

「針の目」を抜けて、宇宙人との交流、つまり「オープンコンタクト」が起こったあと（たぶん今から80年後くらいに）、タイムトラベルだって可能になる。

それに、精霊やそのほかの見えない存在たちとの交流がもっと一般的で〝普通で自然なこと〟になるんだ。

現在の私たちは、新しい平行世界へ続く廊下を通っている最中だ。

あと数年後に廊下を抜けて、自分の「あり方」に沿った世界を体験するようになる。

だから、あともう少しの間に手放しと統合をすませ、できるかぎり、「ありのまま」でクリアな自分になること。

そうすることで、今の自分では考えつかないような素晴らしい世界を体験することになる。
共にワクワクする世界を創っていこう！
無条件の愛のもとに。

the Planet from Nebula

the Planet from Nebula

ザ プラネット フロム ネブラ

アメリカ在住。精神世界の探検家。何度も生まれ変わった記憶を持つ。過去世の人生や生まれたときの記憶が鮮明にあり、幼少の頃から頭の中でガイド(守護霊)といつも会話をしていた。人や地球の意識にアクセスして、相手の気持ちや体調の変化を察知したり、地球のエネルギーがどこに向かっているかを認識したりすることができる。アメリカでネイティブ・アメリカンの聖地を訪れ、ダリル・アンカなど、数々の有名なスピリチュアル・リーダーたちと出会う。ほぼ毎日見る明晰夢や現実で高次元の存在とコンタクトし、地球と宇宙の神聖な意識の関係性について理解を深め、未来を予想したり、必要なメッセージを受け取ったりしている。

2011年8月から始めたブログは、月間134万PVを誇る。YouTube「ネブラ・チャンネル_the Planet from Nebula オフィシャル」やオンラインサロン「ポジティブ鉄道 地球行き」も人気。著書に『「あの世」とのおしゃべり』(KADOKAWA)がある。

ブログ　https://ameblo.jp/viva-bashar/

DMMオンラインサロン　「ポジティブ鉄道 地球行き」

YouTube　「ネブラ・チャンネル_the Planet from Nebula オフィシャル」

宇宙人が教える　ポジティブな地球の過ごし方

2021年8月17日　第1刷発行
2023年10月23日　第4刷発行

著　者――the Planet from Nebula
発行所――ダイヤモンド社
〒150-8409　東京都渋谷区神宮前6-12-17
https://www.diamond.co.jp/
電話／03･5778･7233（編集）　03･5778･7240（販売）
装丁・本文デザイン―萩原弦一郎（256）
DTP――ベクトル印刷
装画・本文イラスト―いしやま暁子
校正――鷗来堂
製作進行――ダイヤモンド・グラフィック社
印刷・製本―ベクトル印刷
編集担当――林えり

ISBN 978-4-478-11315-8